# EL PSICOPOMPO Y LA CLÍNICA AMPLIADA:

## Una jornada por los campos de la psicosis, del acompañamiento terapéutico y de la psicología junguiana

DENIS CANAL MENDES

# EL PSICOPOMPO Y LA CLÍNICA AMPLIADA:

## Una jornada por los campos de la psicosis, del acompañamiento terapéutico y de la psicología junguiana

DENIS CANAL MENDES

SATTVA EDITORA

contato@sattvaeditora.com.br
www.sattvaeditora.com.br

Editora: **Vivian Lerner**

Design gráfico: **Luiz Zonzini**

Foto da capa:
**Daniel Canal Mendes**

Tradução:
**Liliana Beatriz López**

El psicopompo y la Clínica Ampliada:
Una jornada por los campos
de La psicosis, del acompañamiento
terapéutico y de la psicología junguiana


**Dados Internacionais de Catalogação na Publicação (CIP)**
**(Câmara Brasileira do Livro, SP, Brasil)**

Mendes, Denis Canal
El psicopompo y la clínica ampliada : una jornada por los campos de la psicosis, del acompañamiento terapéutico y de la psicología junguiana / Denis Canal Mendes. -- São Paulo : Sattva Editora, 2022.

Bibliografia.
ISBN 978-65-86420-10-4

1. Psicologia junguiana 2. Psicoses 3. Psicoses - Tratamento - Estudo de casos I. Título.

22-117042 CDD-150.195

**Índices para catálogo sistemático:**

1. Psicose : Método psicanalítico : Psicologia
150.195

Eliete Marques da Silva - Bibliotecária - CRB-8/9380

*"Sí, tu camino es solo tuyo.*
*Otros pueden caminar a tu lado,*
*pero nadie puede caminar por ti".*

*Rumi*

**In memoriam**

de los ilustrísimos junguianos brasileños que conocí:
Rosa Farah (2016), Priscilla Caviglia (2017),
Jette Bonaventure (2018) Carlos Byington (2019) y
Léon Bonaventure (2021)

A mi hermano
**Daniel Canal Mendes** (1978-2021),
geólogo, fotógrafo, amante de la vida y del
conocimiento, poniéndose al servicio del
alma del mundo: "La vida es un soplo"

# AGRADECIMIENTOS

Este trabajo es el fruto de la diversidad de encuentros y colaboraciones, tanto consciente como inconsciente. Es imposible reinventar la rueda, pero es incitante la idea de lapidarla, pintarla, asimilando un nuevo estilo y posibilidades. Creo que un trabajo vivo tiene la participación de las personas, sacándolas del anonimato y constituyendo una historia con vida. No sería diferente en la trayectoria de un terapeuta itinerante y en ese sentido me gustaría dar voz y agradecer a todos los que de alguna manera me dieron fuerzas, energía, que creyeron y estimularon la realización de este esfuerzo de muchos años.

A la legión de amigos, colegas y analistas de la Asociación Junguiana en Brasil (AJB): el lugar del OPUS junguiano;

A las queridas compañeras de travesía: Martha Virginia y Cristiane Adamo por el cariño y la visión junguiana de vanguardia, con sus valiosas reflexiones y críticas relevantes a la singularidad de este trabajo;

A Durval L. de Faria, por los encuentros y su generosidad creativa en esta trayectoria como analista: ¡toda mi gratitud!

A Irene Gaeta, inspiración cariñosa, una interlocutora llena de vida, reflexionando y contribuyendo con su perspectiva y delicadeza sin igual;

A Cándido Vallada, por su contribución y enriquecimiento creativo en esta jornada junguiana;

A Antonio Carlos Vázquez Vázquez, psicoanalista serio, eterno emprendedor para el campo analítico, gracias por su contribución en esta trayectoria en el campo del AT;

A Heros por ser el inspirador empírico del trabajo de AT, por metaforizar "un trago en el infierno": al eterno amigo trotamundos;

A Claudia Barbosa, por las inspiraciones amorosas de la constelación de piscis;

A Carla Pina, ánima inspiradora, un amor para la vida entera, pasión eterna;

A Sandra Greger por el aporte afectivo, amorosa y creativa, por la mirada simbólica de la "fuente creativa que vierte para todos lados" y por contribuir para mi vida con la Psicología Organísmica de Pethö Sándor;

A Eliana Gabanela, por creer que hay algo más, pionera que hizo posible que realizara el proyecto AT;

A Kleber Barreto y Gilberto Safra, por las andanzas caleidoscópicas en el vasto mundo del AT y sus interlocuciones entre Don Quijote y Sancho Panza;

A los colaboradores eternos del campo del AT: Liliana, Valeria, Cléo, Silvana, Fernanda Pires, Reynaldo, Melissa Abla y Chain (Equipo Travesía), por la intervención inigualable en la Clínica Ampliada;

A los Profesionales de la AAT, Hospital-Dia Núcleo[*Hospital de Día en Salud Mental - Núcleo*], CAPs-Zn y del ProEsq-Unifesp;

En especial a: Luciana Chauí, Haylton, Arthur Tufolo, Simone, Fabiana, Graça y Claudia Engel, que con sus diversos caleidoscopios de conocimiento y experiencia de vida contribuyeron a esta caminata;

A mi analista y colega de travesía, José Márcio Luvizotto, por cuidar mi alma con ética, cariño y sencillez a lo largo de todos estos años, favoreciendo y fomentando mi proceso de individuación;

Al Dr. Léon Bonaventure, por el Éter y la Voluptuosidad Junguiana;

A Roberto Mello, por caminar juntos, "camarada", con sus cuestionamientos riquísimos, concibiendo una interlocución madura, crítica y política de la vida; grato por las observaciones, la revisión y el contexto crítico;

A Rinalda Duarte y Eloisa Salgueiro, inspiradoras de la mirada singular para el alma;

Y a toda mi familia ampliada que respeto y admiro: por todo el amor y el apoyo incondicional, en especial a mis padres *Degas* y *Céu*, por la paciencia y comprensión en los momentos transformadores que se presentan en esta vida;

A todos mis pacientes y expacientes que, a través de sus heridas y traumas, pudieron contribuir y me hicieron despertar para este trabajo: personas riquísimas, inspiradoras y provocadoras en mi desarrollo profesional y personal;

A los eternos acompañados: Lívia Maria, Nessin Abdu, Azucena, José Carlos, Haroldo Chatan, Carlos, Rogerio, Rodrigo, Andrea, Renato, Silvia, Geraldo, Silvana, André Fossati y Marco Borella entre otros. Para ellos mi enorme y eterna gratitud;

Y en especial a Robert Hay Chalon, que fue quien inspiró: "Monsieur Soleil";

Y a "D´us" por todo y mucho más: inspiración, disposición y energía vital.

Finalmente, a todos aquellos que de alguna manera estuvieron y están presentes en esa jornada de mi vida y que no fueron citados, pero fueron decisivos para este "cultivo del alma", mi más sincero agradecimiento, ¡Muchas gracias!

# SUMÁRIO

# PRÓLOGO

La psicología junguiana, o psicología analítica, ofrece una serie de condiciones que nos capacitan a entender y a lidiar con los meandros de nuestra psique, ayudándonos a enfrentar los desafíos que la vida presenta.

También conocida como psicología compleja, por explicar mejor su manera de actuar, abarcando, por supuesto, cualquier ramo del conocimiento, no sin motivo, pues pretendiendo ser instrumento de comprensión del alma, fuente de donde se origina todo lo que forma parte de la gran aventura humana, desde su comienzo hasta el futuro que nos espera, engloba en esa gran aventura todas las áreas de la actividad humana como mitología, religión, filosofía, psicología, artes, música, medicina, ingeniería, política, física, química, biología, alquimia, astronomía, matemática, geometría, arqueología, antropología. Esta lista es interminable. Podemos agregar la psiquiatría, por donde Carl Gustav Jung inició su larga y proficua trayectoria recogiendo su *prima materia* y que, el autor de este trabajo va a usar para desarrollar un conocimiento basado en su experiencia en acompañamiento terapéutico, con pasajes por intensas vivencias que contribuyeron para su reconocida actuación profesional de hoy.

Denis demuestra tener una personalidad inquieta y siempre curiosa, constantemente en busca de nuevos desafíos. Describe su caminar desde cuando comenzó a interesarse por los problemas psicológicos que algunas personas enfrentaban, como los de un amigo suyo que lo motivó a envolverse con el acompañamiento terapéutico de pacientes con problemas diversos, varios de ellos graves, profundizándose en la psicología junguiana de forma más experimentada e innovadora. Trae su conocimiento sobre este trabajo del acompañante terapéutico, reflexionando sobre la historia, indicaciones y principales aspectos del procedimiento dentro del triple aspecto biopsicosocial.

Su referencia es la de C.G. Jung que, joven aún, llamó la atención de Freud, antes de conocerse personalmente, cuando publicó "La Psicología de la Dementia Praecox". Jung presentaba, con esa obra, una propuesta original para la tentativa de entender el alma del paciente psicótico, hasta entonces carente de sentido en la visión médica. La dementia praecox, como Eugen Bleuler poco después describiéndola nuevamente, consideró más conveniente darle el nombre de esquizofrenia, fue siempre el mayor desafío para el área de la salud mental. Jung se preocupó mucho con la esquizofrenia, escribió varios trabajos a respecto de ese trastorno durante gran parte de su vida. También se preocupaba con los pródromos que acometían a los que podrían entrar en brotes psicóticos, haciendo que manejaran mejor sus vidas, evitando o amenizando el desgarramiento del tejido psíquico. A los 83 años, Jung profiere la conferencia "La Esquizofrenia" en la que retoma a su trayectoria de varias décadas en esa área, destacando que ambos aspectos: el orgánico, relativo al cerebro, base de nuestras funciones mentales y el psicológico, manifestación de nuestra vida anímica, deberían integrarse mejor para beneficio de nuestros pacientes.

Denis, psicólogo y analista junguiano, da su contribución, no solo a la psicología analítica, sino también al abordaje multidisciplinar, interdisciplinar y a otros componentes de la clínica ampliada en favor de las personas acometidas por el infortunio de una psicosis o bajo la amenaza de un brote inicial. Su creatividad y sensibilidad para echar mano de recursos terapéuticos, en lo que se refiere al paciente en cuestión en este trabajo, es notable.

Vale la pena lanzarse a la lectura de este trabajo sobre acompañamiento terapéutico, que además de inspirador, seguramente, nos traerá importantes reflexiones sobre el sufrimiento de nuestros pacientes y sobre cómo ayudarlos a descubrir nuevas perspectivas de sus propios procesos de individuación.

**Candido Pinto Vallada**

*Psiquiatra y Analista Junguiano*

*Miembro Fundador de la Associação Junguiana do Brasil - AJB*

# PREFACIO

Es difícil describir mi trayectoria como acompañante terapéutico at[1], pero es de suma importancia contar que esa experiencia nómade se inicia a mediados de la década del 90 marcada por una práctica profesional envolvente que tiene diversas interfaces.

Ese camino por el campo de la salud mental paulista tiene pasajes e interlocuciones con profesionales y pacientes de diversas instituciones del servicio público y privado, destacándose: Clínica Psiquiátrica Travessia, CAPS Mandaquí, Enfermería Psiquiatría del Hospital de Mandaquí, Instituto Bairral Psiquiatría, Casa das Palmeiras, Recanto Maria Tereza, Clínica do Padre Haroldo, Residencia Terapéutica Mental Sénior, Ambulatorio de Esquizofrenia – ProEsq/Unifesp y Hospital-Dia en Saúde Mental-Núcleo [*Hospital de Día en Salud Mental - Núcleo*], además del trabajo realizado con el Equipo Novo Tempo Clínica Ampliada (1999), en la AAT -Associação de Acompanhamento Terapêutico *[Asociación de Acompañamiento Terapéutico - 2005]*[2] y especialmente en las ciudades de São Paulo, Diadema, Barueri (Alphaville), Campinas e Itapira.

Así, me siento inspirado a dar voz a esta experiencia como terapeuta errante del mundo, fundamentando la práctica como at.

Considero que el enfoque principal de este trabajo es el relato de mi experiencia en el ejercicio de la profesión con considerable interlocución con las cuestiones de las políticas públicas de salud mental (el movimiento de desinstitucionalización y de la lucha antimanicomial) y también en la realización de trabajos de reinserción psicosocial de pacientes con alto grado de sufrimiento

---

1. *at acompañante terapéutico* - abreviatura que usaré al referirme al profesional que ejerce el papel de acompañante.

2. Miembro fundador en ambas Instituciones.

psíquico (la cuestión de la psicosis), teniendo como trasfondo, experiencias en/con proyectos terapéuticos integrados a equipos multiprofesionales de salud mental.

Considero importante mirar a través de esos dos focos: la cuestión de la clínica del AT[3] y la intervención psicosocial en salud mental, desde la perspectiva de la psicología junguiana.

Estas reflexiones de la experiencia extramuros que corresponden a los movimientos de la antipsiquiatría, psiquiatría social y política, iniciados en Europa en la década del 60, llegando a propuestas "modernas" como la del Hospital de Día[4] y Clínica Ampliada[5], sucedieron simultáneamente con mi intersección como terapeuta, acompañante terapéutico y analista junguiano.

Considero que mi visión de hoy sobre salud mental[6] está contaminada por esas tendencias, realizando así una reflexión y una interlocución con los pensamientos para contribuir constructivamente a una práctica psicosocial[7] en salud mental para mirar al paciente de manera más humanizada (LANCETTI, 1994).

---

3. *AT Acompañamiento Terapéutico* - aquí nos referimos a la Técnica. Según Kleber Duarte Barreto (Ética e Técnica no Acompanhamento Terapéutico. Ediciones Sobornost, 1998).

4. Institución de tratamiento de Salud Mental, compuesta por profesionales especializados (enfermeros, psicólogos, psiquiatras, TO, técnicos de enfermería, etc.) que componen la red de atención en régimen de internación o seminternación, por un corto período de tiempo, donde el paciente pasa medio día o el día entero en tratamiento, y vuelve a casa para dormir.

5. Concepto de atención clínica que abarca mucho más que el consultorio clínico. Incluye las necesidades del paciente en tratamiento por la red de asistencia psicosocial: los TO, familia, los at, psicólogos, médico clínico, médico psiquiatra, fisioterapeuta, y abarca la red de profesionales incluidos en el sistema mayor de esa intervención.

6. La idea de enfermedad psíquica compuesta por la tríada biopsicosocial (factores biológicos y genéticos; factores psíquicos y familiares; factores del entorno y sociales).

7. Psicosocial, composición del tratamiento en contextos externos al tratamiento en la clínica.

Mi experiencia considera situaciones límite, en las que el AT emerge como una tentativa de sacar al paciente de la parálisis catatónica, de la depresión psicótica y/o de la crisis aguda (riesgo de suicidio, auto y heteroagresividad) ayudándolo, dándole continencia o proponiendo salidas y reinserción en la vida cotidiana.

Así realizo el puente entre un estado paralizante y una nueva perspectiva, generando movimiento, introduciendo vida y llevando al paciente por caminos aún desconocidos, de forma metafórica y concreta.

A diferencia del análisis[8], en el que el paciente tiende a caminar "solo", en esta clínica móvil[9] se ayuda al paciente, haciéndole compañía en diversas situaciones de la vida. El setting terapéutico está marcado por la relación entre paciente y terapeuta que ocurre "in loco", en su vida cotidiana. La calle representa el tercer elemento: el guardia, el automóvil, el autobús, todos son componentes de esa *anima mundi*, de la vida que debe y necesita ser reintegrada, restablecida, reanimada, pues con la crisis esta conexión con el mundo se ha perdido.

Y es en esa perspectiva que está encarnada la metáfora del psicopompo [10], una imagen que es de suma importancia para la comprensión del manejo clínico con pacientes psicóticos y que será abordada, explorada y fomentada a lo largo de este trabajo. Ella permite también trazar un paralelo entre la mirada de la psicología junguiana y sus intervenciones en esta clínica ampliada de las psicosis.

---

8. Considero al análisis como la relación dialéctica emocional entre analista y paciente con espacio, costo y contrato de trabajo y metodología ya definidos y restringida a un *setting [entorno]* terapéutico delimitado.

9. El AT se realiza en un espacio y con una técnica indefinidos, donde el lugar se demarca solo en la relación terapéutica at-paciente, impuesta al contexto cotidiano, y conducida por la intervención psicosocial.

10. Imagen que compone la idea del que hace la conexión y el puente, y que examinaré mejor a lo largo del trabajo.

He elaborado una reflexión lúcida sobre el tema, considerando esa tríada: el AT, la psicosis y el modelo junguiano, intentando entrelazar esa interlocución a través de la experiencia personal y profesional (como si esas dos cosas pudieran estar separadas) y así examinar profundamente el campo.

Esos caminos y perspectivas que la intervención del AT nos incita a observar, esa manera inusitada de estar entre tantas alternativas, considerando al paciente en su jornada de restablecimiento y orientación, nos hacen pensar en una nueva posibilidad de alimentar el proceso de individuación, aún para los cuadros más graves y limítrofes.

Ya sea solo o como miembro de un equipo multiprofesional, ese insólito trayecto del at, conduce a algo nuevo, a la mirada de fuera, a la reflexión en el mundo, al caminar, al hacer, al estar cerca y al caminar (concretamente) en dirección a algo realizable, factible y a menudo palpable.

Es por esos diversos caminos, aspectos y perspectivas que el AT contribuye, ejerciendo un papel importante en la vida de las personas con alto grado de sufrimiento psíquico, y sobre el que propongo reflexionar a lo largo de este trabajo.

> No somos creadores de nuestras ideas, sino solo sus portavoces; son ellas que nos dan forma (...) y cada uno de nosotros carga la antorcha que al final del camino otro llevará. (JUNG, 1975, p.8)

Ser acompañante terapéutico, at, para mí, fue tornarme un marinero, muchas veces, con recelo de ser tragado, pero enfrentando lo desconocido, acompañado por laberintos y penumbras, teniendo, solo, el hilo de Ariadna como recurso para volver. No sé si es el trabajo de mi vida, pero con seguridad ha sido una experiencia notable, una realización como profesional y ser humano, aportando una mirada caleidoscópica a la cuestión de la locura y de la enfermedad psíquica.

# 1. CONSIDERACIONES SOBRE MI LLEGADA...

*El camino del que vendrá...*
(C G JUNG, 1913)

Es imposible, para mí, afirmar cuándo realmente el trabajo como acompañante terapéutico (at) tomó cuerpo y se formalizó como una actividad profesional en mi vida, pero es cierto que mi estilo peculiar de abordar la "cuestión de la locura"[11], juntamente con mis inquietudes personales, políticas y religiosas, hicieron que sucediera ese encuentro tan importante: mi estilo personal de vivir con esa práctica de trabajo tan específica.

Relatar como todo comenzó no fue una tarea simple, pero creo que es importante contextualizar los ideales que estuvieron presentes desde el comienzo de mi caminata, considerando especialmente el ideario socialista, las ideas de apología de la locura, la valorización de lo diferente y de los ideales de la juventud francesa de 1968: *Liberté,* Égalité *et Fraternité* [12].

Creo que para hablar de mis comienzos es importante considerar una pequeña historia que viví en el final de mi adolescencia con un gran amigo que considero el principal responsable de las primeras semillas de este "acompañar terapéutico".

En el final de los años 80, momento histórico en que estaban sucediendo cambios sociopolíticos: liberalismo en Brasil, gobierno de transición, fin de la dictadura/comienzo de la democracia,

11. Existía un "glamour" poético en "ser loco", era una forma de romper con lo establecido; los locos eran los artistas, músicos, poetas, aquellos que buscaban por medio de algo alternativo exponer sus inquietudes y angustias luchando contra el *establishment*.

12. Ideales de la Revolución Francesa (1798) a partir de la caída de la Bastilla.

Gorbachov en el poder, fin de la guerra fría, caída del muro de Berlín etc., y el comienzo de los años 90, especialmente cuando terminaba el movimiento punk-rock en Brasil y emergía el pop-rock, tuve un gran amigo, un colega de gran influencia intelectual. Esta relación de amistad estimulaba debates intensos, construyendo espacios de reflexión, encuentros donde se discutía política, música, ideales de libertad, movimiento político de izquierda, el papel del ser humano en la sociedad actual, amor, sexo, la cuestión de las drogas, expresividad, rebeldía, etc.

Era una amistad enriquecedora y fértil, poco común para los otros amigos y colegas que convivían con nosotros en esa época, una relación extremamente cercana. Frecuentábamos uno la casa del otro, convivíamos con las familias, discutíamos y cuestionábamos los modelos y perspectivas de vida, el amor, experiencias con novias, sueños, en fin, las utopías mundanas.

Ese amigo se llamaba Heros, interesante porque pronunciábamos su nombre *Eros*, pero lo escribíamos con H. Cuenta la "leyenda", que este nombre le fue dado debido a una relación amorosa muy intensa que su madre vivió. Fue en esa relación intensa y corta que él fue concebido.

Hijo único y fruto de una relación adúltera con un hombre mayor y rico que, aunque quería a su madre, no tuvo el coraje de asumir la paternidad debido a la situación de la concepción y a las convenciones sociales de la época.

Heros vivía con los abuelos maternos desde su preadolescencia, bajo la mirada de su madre, que vivía en el mismo edificio, pero en el piso de arriba. Era uno de aquellos edificios antiguos de tres pisos donde vivían personas de clase media de aquella época (década del 80) y a la cual pertenecía esta familia.

Su madre, muy joven, se había casado con otro hombre cuando él todavía era un bebé. Este hombre asumió la paternidad de Heros con mucho cariño, pero en un intento de minimizar el embarazo moral de la época, su verdadera paternidad fue escondida de todos, inclusive de él. Temían alguna reacción intempestiva del muchacho, que no supo quién era su verdadero padre hasta el fin de su adolescencia.

Heros había sido un niño tímido e inteligente, que se tornó un joven lleno de vida e inquietudes, pero tenía pocos amigos. Estudió en un colegio público y en otro privado, hizo el curso de ingreso a la facultad en el Anglo de la calle Maranhão y entró en el curso de economía en la PUC-SP.

Intelectualmente era genial, sagaz al extremo, pero excepcionalmente introvertido, impulsivo y excéntrico. Con el pasar de los años se tornó una persona extraña y un tanto arrogante.

Nuestra amistad surgió dentro de la efervescencia política y musical de la época y se fortaleció mucho a lo largo de los años, tan grande era la afinidad y la proximidad, y esto a menudo causaba confusiones, pues como entre hermanos, a veces, él hablaba sobre algún tema, incluía en sus palabras alguna idea mía como si fuera suya. Éramos "camaradas de ideologías", de utopías liberales y musicales.

Existía una "simbiosis", pero en ese momento, como amigos, considerábamos ese compañerismo como algo natural, que representaba lealtad con respecto a las causas que soñábamos e idealizábamos.

Es importante decir que mi camino personal no se limitaba a esta amistad (por mucho que él quisiera), yo ya había tenido amoríos con muchachas y tenía amigos en otros círculos (punks, intelectuales, músicos, deportistas, vecinos del barrio etc.).

Y fue ahí que las cosas comenzaron a cambiar, pues principalmente debido a mi singularidad, mis deseos, amistades, otros grupos en que participaba, actividades deportivas, sueños e inquietudes, fui reuniendo un repertorio diferente, y todo eso amenazaba nuestra amistad.

Es interesante entender los caminos que recorrí para comprender que en esta relación de amistad con Heros comenzó mi jornada como at[13].

Hoy, mirando atrás, siento que fue ese impacto vivo del encuentro humano, del acompañar terapéutico lo que hizo, no sé si por una ironía del destino, que tuviera que ser provocado justamente por un amigo de la fase de la adolescencia, llamado Heros.

El porqué de todo esto es que ese joven en su recorrido para conocer y desnudar su origen, y también en su búsqueda de un amor ideal, se envolvió en situaciones donde el umbral entre locura y realidad, vida y muerte, se volvió una línea extremamente tenue, provocando incidentes irreparables para su alma[14].

Luego de una ruptura amorosa y reyertas familiares, Heros comenzó un proceso autodestructivo. Su impulsividad y omnipotencia tomaron el lugar de su comportamiento serio y púdico. Se extravió...

Hoy, tengo la impresión, de que mi amigo entró en un proceso maníaco o hipomaníaco, según la psiquiatría, en vista de que su impulsividad y sexualidad se exacerbaron. Recuerdo que comenzó a frecuentar bares nocturnos en el centro, se arriesgaba en casas nocturnas y clubes cerrados, salía con prostitutas, se envolvía en peleas, se codeaba con personas desconocidas, usaba drogas. Acabó perdiendo el rumbo, hasta el punto de abandonar el curso de economía que hacía entonces. En fin, tuvo una crisis psíquica.

En esa época fui una especie de puente entre todos esos episodios y su familia, ayudándolo a no ponerse en situaciones de riesgo, interviniendo *in loco*[15] en el intento de evitar un desenlace

13. Acompañante terapéutico con enfoque en la reinserción psicosocial de pacientes psiquiátricos con alto grado de sufrimiento psíquico.

14. Citada aquí como aspecto psíquico: alma es psique.

15. Este término se refiere a la intervención del at en la experiencia viva, en la situación que se presenta y que surge. Un término extremamente habitual dentro de la intervención psicosocial del AT.

aún más destructivo. Fue en esa fase difícil que percibí hasta qué punto él no estaba en condiciones de andar solo por ahí, y fue por un pedido auténtico de su familia que estuve presente en esas temeridades de la vida de Heros.

Me di cuenta lo mucho que estaba emocionalmente envuelto en esa historia, considerando que él era mi amigo, y que todas aquellas situaciones además de dejarme preocupado me afectaban emocionalmente.

De ahí en adelante, ocupé los varios papeles a que la situación me invitaba, fui el hermano mayor, el padre, el amigo, el chofer, guarda de seguridad, policía, sacerdote, enfermero, terapeuta; este, por cierto, creo que fue mi papel preferido y escogido.

En realidad, pienso que quería darle alguna solución que pudiera encaminarlo de alguna forma, cambiar la situación, hacerlo seguir por otro camino, algo diferente de lo que estaba ocurriendo, tuve miedo, muchas veces un miedo ansiogénico de que él realmente pudiera suicidarse. Algunas veces, tuve choques con él, en el sentido de contenerlo físicamente, para que no hiciera tal cosa.

Como él estaba descontrolado emocionalmente, probablemente en un proceso de crisis, intenté convencerlo a buscar un psiquiatra, más tarde lo llevé a mi psicoanalista, pues yo ya hacía análisis y estaba en el primer semestre del curso de psicología.

En ese estado de cosas, por mucho tiempo, lo acompañé en sus andanzas nocturnas, por los recovecos de la ciudad. Algunas veces, por insistencia de su familia, otras por preocupación, o por su salud, su amistad, su camaradería y principalmente por sus actitudes, que consideraba, muchas veces, incomprensibles y arriesgadas.

Creo que fue por el compañerismo y también por curiosidad que fui su compañía en sus jornadas nocturnas, me incliné hacia la perspectiva de cuidar, de ayudar, de contemplar a ese ser humano enfermo del alma.

Este era Heros, joven adulto, perturbado, con H por su naturaleza *Humana*. Diferente del *Eros* griego de naturaleza *Divina*, mitológica. Ese nombre sugiere y simboliza la representación del amor entre lo divino y lo humano. El *Eros* que incluye la H indica la naturaleza humanizada de ese Dios del Amor; de la conexión.

Ese joven *puer*, revelando su naturaleza, fue el gran puente para el encuentro con lo que sería, mirando hoy después de esos veinticinco largos años, lo que al principio llamé acompañar terapéutico por la jornada nocturna, por la noche negra, infinita y cósmica del viaje de contacto con el inconsciente y con lo "colectivo".

Siento que esta sería la primera referencia en mi historia profesional, como terapeuta;. Algo realmente empírico, "de la experiencia viva", una experiencia de iniciación como acompañante terapéutico, la "vivencia de la metáfora del psicopompo"[16]. Aunque sin estar muy consciente de lo que hacía, hasta entonces, yendo intuitivamente en la tentativa de cuidar, de ser clínico, de ser terapeuta.

Es interesante, porque al ingresar en la psicología a mediados de 1993 y al comenzar y acompañar mi primer caso[17] de Acompañamiento Terapéutico - AT[18], desbravando así mi jornada como at en 1996, me vi, aunque como estudiante, inserido en el tratamiento de pacientes psiquiátricos y dentro de un equipo de at en la Clínica Travessia.

Pensando, me vi redescubriendo esta historia de amistad que me llevó a los límites entre la sanidad y la locura, al eje entre neurosis y psicosis y, definitivamente, me puso al servicio de la búsqueda de los encuentros y desencuentros posibles: con la Dra. Nise da

16. Examino mejor esa idea a lo largo de este trabajo.

17. Caso de una paciente de 29 años con diagnóstico psiquiátrico de psicosis orgánica debido a una cirugía para tratar hidrocefalia.

18. AT se refiere a la Técnica y es usado por muchos autores (entre ellos Barreto, 1997).

Silveira (1905-1999) [19] y su emoción de ocuparse del Psicoanálisis y con la Psicología Junguiana y sus diversas posibilidades.

Reflexionando sobre eso, en especial cuando inicialmente escribí mi autobiografía 2002, aún antes de ingresar en los grupos de formación analítica de nuestra sociedad junguiana, la AJB[20], percibí algo extraño, pues vivenciar esa experiencia me conmovió, como en un ritual de iniciación, conducido a escribir tal historia desde ese nuevo paradigma del alquimista moderno[21].

En ese proceso de asimilación de mi formación como analista junguiano - en esa elaboración ocurre el opus alquímico - la persona se incluye, se da y se presenta: es en esa síntesis de las enterezas de la vida, en la mirada hacia la sombra, como resultado de la maduración y del crecimiento individual, que viajo en esta reflexión.

Veo que ahora es la hora de rescatar mis experiencias anteriores, dando un nuevo sentido, en una posible integración de esas vivencias, sintetizándolas en este trabajo.

Procurando entender la locura, fui guiado al difícil laberinto de la psicología, de la búsqueda de sentido para las incongruencias y distonías de la vida. Ese camino esperanzado rumbo al inconsciente me hizo posible el encuentro con la psicología analítica y la obra de Carl Gustav Jung (1875-1961).

Creo que ese amigo mío, colega, compañero de movimiento musical, sonidista, economista, bohemio, mujerengo; ese "puquiano", de esta parte del *unus mundus*, me invita a interactuar con esta figura de interlocutor de la "locura humana", que, en la

19. Médica Psiquiatra, pionera en el desarrollo de las ideas de Carl Gustav Jung en Brasil.

20. Associação Junguiana do Brasil vinculada a la International Association for Analytical Psychology IAAP (Zurich) reúne hoy en Brasil ocho Institutos: IJUSP (São Paulo), IJURJ (Rio de Janeiro), IPAC (Campinas), ICGJMG (Minas Gerais), IJPR (PARANA), IJRS (Rio Grande do Sul), IPABA (Bahia) e IJB (Brasília).

21. Metaforizando el papel y el lugar del analista junguiano de hoy.

forma de un *acompañar*, de un *ser el at* hizo posible el rescate de esa interlocución, al percibir tales "afinidades, sentimientos y sensaciones" del principio de la vida.

En 1996, la época en que ocurrió el primer contacto con el trabajo de acompañante terapéutico, yo era pasante de psicología en una clínica psiquiátrica, y estaba cursando las clases de psicopatología, parte de mi adolescencia y efervescencia cultural vinieron a la superficie. La perspectiva de transitar por un espacio más allá de las paredes de la institución, en la calle, en la vida, resonó en mí como una invitación a ese rescate concreto y real, aunque inconsciente y distante de esa vivencia.

Recuerdo que un "miércoles clínico" [22], después de la reunión con el Dr. Di Loreto[23], fui a hablar con la supervisora del equipo de at, era un contacto informal, y posteriormente quedé con ella para conversar "sobre aquello". Fui al encuentro de la psicoanalista Eliana Gabanela[24] y descubrí en ella una gran desbravadora, incentivadora y validadora de mi proceso "iniciático" como at.

Comprendo que allí, ya en 1996, acompañando mi primer caso, la paciente Lívia de 28 años, me entreví en nuevos contextos: en una casa de familia, en la iglesia, en un casamiento, en la calle y en la inexperiencia sin igual de enfrentar a la psicosis; en las construcciones delirantes y alucinaciones, en el contexto abierto de la inclusión de la locura.

En aquel instante, impulsado a sumergirme en el mundo de las

---

22. Todos los miércoles, se realizaba una reunión clínica general para debatir los casos y pensar el proyecto terapéutico para cada paciente en tratamiento.

23. Psicoanalista de la SBP- Sociedade Brasileira de Psicanálise *[Sociedad Brasileña de Psicoanálisis]*, supervisor institucional y clínico de niños, gran incentivador, fallecido en 2011.

24. Psicoanalista, vinculada a la Escuela Lacaniana de São Paulo, supervisora clínica y de AT, gran incentivadora en el descubrimiento de la práctica del trabajo de AT.

andanzas, intervenciones y acompañamientos, entré en contacto con personas con alto grado de sufrimiento psíquico, en especial con los pacientes llamados psicóticos: es decir, fui al mundo de los lunáticos, desvariados y perdidos, así, también pude rescatar esta historia con Heros.

Heros fue, con seguridad, humano y gran incentivador, impulsador, aunque inconsciente, de las primeras semillas del "*acompañar* terapéutico" en mi vida y estas fueron las raíces mediadoras de esa perspectiva y de esa función terapéutica.

Ese encuentro rebelde también me aproximó a Carl Gustav Jung y a Nise da Silveira, el primero a aproximarme a la idea del encuentro humano, individuación, inconsciente colectivo y a los arquetipos. La segunda por la simplicidad de las emociones, la delicadeza de trato, por la feminidad y humanidad en el tratamiento con psicóticos, con su manera personal, sin miedo o temor a la locura. Con su ritual de humanización y sentido propio, además de su proximidad a la psicología junguiana, su atelier de artes, Nise proporcionó su propio encuentro con Jung[25]. Se convirtió en una mujer visionaria[26].

A ese profundo contenido teórico se sumó mi aprendizaje que vendría al encuentro del trabajo directo con los pacientes con alto grado de sufrimiento psíquico, algunos internados, otros perdidos, pero todos necesitando cuidados.

Dentro de esa perspectiva, en 2002, compuse un equipo de at[27] que se llamó Ariadna, refiriéndose al personaje de la mitolo-

25. En 1957, II Congreso Mundial de Psiquiatría, realizado en Zúrich, marcó el encuentro de Nise con el maestre, presentando su trabajo de la Oficina Terapéutica [Taller Terapéutico], con los pacientes internados en el Hospital Psiquiátrico Engenho de Dentro - RJ.

26. Gran contribución para la Psiquiatría brasileña. Usaba las técnicas expresivas, arte y actividades ocupacionales con pacientes de la época, como alternativa para los tratamientos de ECT y la terapia de choque con insulina o shock insulínico.

27. Equipo Ariadna compuesto por 2 psicoanalistas, 1 enfermera, 1 terapeuta ocupacional y 1 psicólogo junguiano que actuaban como acom-

gía griega que ayudó a Teseo a salir del Laberinto, utilizando un hilo, el hilo de Ariadna, que le impidió que se perdiera y fuera muerto por el Minotauro.

Este equipo estaba formado por un grupo heterogéneo que pretendía debatir tratamiento, intervenciones, acompañamientos, diagnósticos clínicos y psicosociales relativos a la salud mental, y teniendo en vista el campo del AT como núcleo de la cuestión y de la idea de clínica ampliada[28] (SALUD, 2004).

Así, pude percibir la dificultad de desempeñar ese papel y las diferencias entre una intervención clínica, dentro del consultorio o de la institución, con el trabajo de y en la calle, caminando o en otro contexto externo. Las varias posibilidades y la riqueza que, en esa interfaz entre transitar por la ciudad, de ese puente entre la casa, la familia, el médico, la institución, los amigos, las clínicas, los hospitales de día, con los pacientes y su vínculo itinerante construido en la relación terapéutica, podrían mostrar.

Me vi elaborando proyectos terapéuticos en la poscrisis psiquiátrica, acompañando pacientes en plena crisis, llevándolos a internarse, yendo a fiestas, entierros, realizando viajes cortos, dando apoyo en situaciones de pérdida afectiva, yendo a casas de shows, clubes nocturnos, aproximando e incluyendo pacientes en cursos, introduciéndolos en escuelas, dando retaguardia a situaciones de cirugía, tratamientos de cáncer, también haciendo el traslado de un lugar a otro, manejando y llevándolos por la ciudad, todo eso en busca de un sentido mayor. Colaboré en diagnósticos diferenciales psiquiátricos, clínicos, en fin, contribuí de alguna manera en una situación peculiar en la vida de esas

pañantes terapéuticos en proyectos con el propósito de tratar pacientes a través de la reinserción psicosocial.

28. Esa idea en salud mental considera la red terapéutica como referencia en el trabajo con pacientes graves. Este concepto consta en los textos básicos de políticas de salud del SUS [*Sistema Único de Salud*] como "La Clínica Ampliada" en el Ministerio de la Salud: Brasilia–DF, 2004.

personas: incluyéndolas.

La variedad de idas y vueltas se hizo algo inusitado e incomparable en esta "intervención terapéutica in loco", lo que hacía del profesional un "proveedor de ideas y pensamientos inclusivos", productor de alguna referencia mayor. Así, la idea de este trabajo surge de reflexionar sobre la metáfora del psicopompo[29].

Fui entrando en una situación fuera de lo común a lo largo de estos últimos años y creo que es importante también mencionarla. Después de trabajar bastante tiempo como at, paralelamente a otras actividades terapéuticas que ejercía como psicólogo y psicoterapeuta junguiano, me encontré en situaciones que, de alguna manera, me daban la prueba de que necesitaba continuar realizando esa actividad.

En el trabajo del equipo, aunque hubiéramos dado de alta a un paciente, algunas veces, veíamos que este necesitaba volver. En esos momentos, reflexionábamos sobre si continuábamos este trabajo o no. Al finalizar algunos casos, notaba cierto cansancio excesivo, un desgaste emocional, por el considerable tiempo que había dedicado a esa tarea.

Reflexionaba sobre la posibilidad de dejar el trabajo de at, cerrar el ciclo y así dedicarme exclusivamente a la práctica clínica de consultorio. Cuando comenzaba a considerar esa posibilidad otros colegas me llamaban porque querían saber si estaba disponible para asumir nuevos casos. En este contexto de valorización de mi trabajo anterior y de la importancia del AT para los pacientes, también considerando el llamado inconsciente, me vi incitado por esas condiciones, a considerar continuar el trabajo de AT. Así, con la llegada de un nuevo paciente, surgía el deseo de estudiar y profundizar en la teoría, el deseo por el acogimiento, por el trabajo y la intervención.

---

29. El desarrollo de esta idea metafórica está en el capítulo "El Psicopompo".

Motivado por ese estímulo, también comencé un proceso de supervisiones y orientaciones para jóvenes at con el propósito de compartir y reflexionar sobre ese trabajo mío, de casi 20 años, en la tentativa substancial de renovar la continuidad en este *acompañar*, pero intentando contribuir a realizar una reflexión teórica junguiana a partir de la observación de esa trayectoria.

Finalmente, me siento lisonjeado de poder dar rienda suelta a esta historia tan inusitada y loca en la que la vida me invitó a participar. Considero de suma importancia compartir, elaborar e intentar dar mi contribución a este campo del AT desde un punto de vista junguiano, teniendo en cuenta que esta joven práctica, utilizada en los tratamientos actuales en salud mental, ha sido desarrollada en otros campos y áreas del conocimiento como, por ejemplo, las áreas educativa, judiciaria, de rehabilitación, y otras.

# 2. COMIENZOS DEL ACOMPAÑAMIENTO TERAPÉUTICO

*En la oscuridad del laberinto estaba perdido. En medio del nigredo, un hilo de luz orientaba hacia la salida... Guiado por otro, iniciaron juntos una jornada para el restablecimiento, desbravaron caminos, recorrieron carreteras, se deslizaron por el tiempo. Al fin, al pasar la oscuridad, he aquí que surge un nuevo tiempo y comienzan a compartir la luz...*

(Denis C. Mendes, 2000)*

## 2.1. RESEÑA DEL SURGIMIENTO DEL AT

Es difícil definir el momento exacto del surgimiento del Acompañamiento Terapéutico como una técnica de intervención terapéutica[30], pero es importante destacar que este dispositivo surge de una gran demanda en el campo de la salud mental, en la tentativa de hacer frente a las nuevas propuestas de tratamiento de personas con trastornos psiquiátricos graves, en especial los pacientes con hipótesis diagnóstica de psicosis.

De esa necesidad, a mediados de 1960 en Europa, comenzaba un movimiento psiquiátrico que pretendía humanizar los tratamientos de los pacientes considerados enfermos mentales y que estaban exilados de la sociedad. Ese movimiento estaba marcado por un cambio de paradigma. Comenzó a considerarse que el

30. * Retirado del texto personal Cartas Catarse [Cartas Catarsis] (a ser publicado). Según la idea de Kleber Duarte Barreto con relación a la técnica AT, a diferencia del profesional (trabajador) at.

"aislamiento social" de un paciente en un hospital psiquiátrico sería perjudicial a su tratamiento, favoreciendo la cronificación y el recrudecimiento de los síntomas que las enfermedades psiquiátricas ya imponían al individuo (COOPER, 1989).

Algunos psiquiatras de aquella época argumentaban que la reinserción social del paciente psiquiátrico sería el propulsor para mejorar la adaptación de la persona con sufrimiento psíquico y creían, a diferencia de la vertiente de la psiquiatría de entonces, que el ser humano debería ser considerado en su totalidad biopsicosocial.

Fue entonces que en algunos países, principalmente en vista de las críticas que esos movimientos contestadores hacían al aislamiento social, al confinamiento del así dicho "loco", del agravamiento del momento político después de la segunda guerra mundial y con el surgimiento de la guerra fría y los movimientos feministas, que profesionales con miradas más humanistas surgieron, en especial en Inglaterra, con Ronald D. Laing (1927-1989) y David G. Cooper (1931-1986) con el movimiento de la antipsiquiatría y Maxwell Jones (1907-1990) y sus ideas utópicas de las comunidades terapéuticas; en los EEUU con Thomaz Szasz (1920-2012); en Italia con Franco Basaglia (1924-1980) y Franco Rotteli[31] con la psiquiatría política y social; en Francia con François Tosquelles (1912-1994) y Michel Foucault (1926-1984) con la psiquiatría institucional; e iniciaron los trabajos de crítica, de cuestionamientos y reflexiones pensantes y actuantes a respecto de la clínica interaccionista. Esos teóricos enfocaron la mirada en la idea de propuestas de deshospitalización y otros planteos en psiquiatría.

31. Psiquiatra Italiano, actualmente con 74 años, fue el principal colaborador de Basaglia. Participó en la transformación de la salud mental en Italia. Conjuntamente implantaron una ley, Ley Basaglia (nº180/1978); que proponía el cierre definitivo de hospitales psiquiátricos italianos en favor de los servicios hospitalarios abiertos.

El movimiento antimanicomial, iniciado a fines de la década del 60 en Europa, tenía el objetivo central de mejorar las condiciones de vida de los pacientes portadores de sufrimiento psíquico, previendo la extinción de los manicomios y la creación de comunidades terapéuticas que procuraban la humanización del tratamiento ofrecido a los "locos" y su reinserción en la sociedad (DELGADO, 1991).

## 2.1.A EN AMÉRICA LATINA

Estas ideas se extendieron, llegando a América Latina, donde, en la década del 70, surgieron las primeras comunidades terapéuticas en el formato europeo y con el servicio de hospital de día, que representaba una opción a la internación en manicomios, donde los pacientes tendrían un mejor tratamiento, lejos del descuido, encarcelamiento o maltrato, procurando extinguir la privación de la libertad y proyectando una mirada más digna sobre los pacientes.

Con esas nuevas propuestas de atención, en las que, con la ayuda de *técnicos que se instrumentalizar*on para "acompañar" a los pacientes en su "reintegración social" o en su adaptación como individuos ciudadanos surge la necesidad de un apoyo técnico renovado que no estuviera basado en los métodos anticuados de contención (chaleco de fuerza, sedación, etc.), pero que pudiera ser agente de salud para el paciente.

Los ecos de esos "cambios de paradigma", en el tratamiento de pacientes psiquiátricos, hicieron, en especial en Argentina a mediados de 1970, que un psiquiatra, Eduardo Kalina[32], introdujera una nueva modalidad de atención en salud mental: el Acompañamiento Terapéutico - AT.

---

32. Eduardo Kalina es un psiquiatra argentino, de 75 años, especialista en tratamiento y enfrentamiento de la drogadicción. Director médico del Brain Center, en Buenos Aires, desde 1994.

Inicialmente el profesional que se desempeñaba como at era denominado "amigo cualificado" [33], y podía ser un profesional de salud mental, un ayudante psiquiátrico, estudiante de terapia ocupacional, enfermería, psicología o entonces algún médico residente, que era designado para acompañar al paciente (normalmente psicótico) en los momentos "libres", mientras estos no estaban bajo el cuidado de los psiquiatras en las comunidades terapéuticas o en hospitales. El término se refería al trabajo asistencial que el "amigo" daba al paciente, que consistía en tareas, antes, no atribuidas como terapéuticas. Debido a la connotación equívoca que la palabra "amigo" insinuaba, la práctica no era vista como una profesión, así el término fue abandonado (MAUER; RESNIZKY, 1987).

Actualmente ese término está en desuso pues no corresponde a la amplitud que encierra el papel del at. En realidad, la relación entre el profesional y el paciente/cliente en el AT es asimétrica, pues, entre otras cosas, la frecuencia de los encuentros ya está estipulada, al contrario de lo que ocurre en una amistad. Con el tiempo todas las denominaciones referentes a la práctica de este trabajo se fueron modificando y convergiendo al nombre actualmente utilizado, que es acompañante terapéutico o at.

## 2.1.B EN BRASIL

No se tiene idea del origen exacto del Acompañamiento Terapéutico en Brasil, pero en la literatura los primeros relatos señalan el final de la década de 80. Es posible seguir la trayectoria de esos pensamientos, a partir de los servicios iniciados en la Argentina, posteriormente repercutiendo con su surgimiento en Brasil.

33. Amigo Cualificado fue la primera designación de este profesional. Ese término cayó en desuso debido a la especificación y la valorización de ese trabajo.

El fruto de esos acontecimientos sembró, a partir de Porto Alegre y Rio de Janeiro, el AT que, futuramente, trajo sus efectos a São Paulo. A través de instituciones como la Clínica Travessia, Hospital-Dia A Casa, Caps Itapeva, Vila Serena, grupos independientes de AT en especial el de Oswaldo Rodrigues[34] entre otros, y donde fue posible percibir el papel de esos profesionales que utilizaban este dispositivo como intervención dentro del tratamiento de la salud mental.

En la clínica de las psicosis se establece una mirada más absorta por la vertiente psicosocial, se olvidan las paredes y se sugiere un ambiente más amplio, extramuros. Su reflejo es el fruto de una vertiente comportamental clínico psiquiátrica, y posteriormente de una vertiente psicoanalítica e institucional, que hace de esa intervención un campo de actuación que ultrapasa la psicoterapia y la psicología clínica (A CASA, 2006).

Caracterizados por el surgimiento en las comunidades terapéuticas, los auxiliares psiquiátricos (como inicialmente eran conocidos) - eran estudiantes de psicología o legos que recibían entrenamiento específico para ayudar a los pacientes en sus prácticas diarias, y en actividades terapéuticas como juegos, actividades deportivas, fiestas, etc. Ellos fueron los precursores del Acompañamiento Terapéutico.

Desde el principio, el trabajo del AT fue abarcando nuevas áreas y superando nuevos desafíos y, de esa forma, el oficio se fue consolidando. Se convirtió en algo más que una práctica meramente complementaria al psiquiatra o psicólogo; un trabajo propio con características únicas y con el poder de llevar el cuidado terapéutico para fuera del *setting* usual e inserirlo en la vida diaria del paciente. Más que solo escuchar los dramas de vida, las experiencias podrían ser vividas *in loco*, junto al paciente, ayudándolo en su proceso vivencial, trabajando con actos y no solo palabras.

34. Psicoanalista SBP, amigo de Eduardo Kalina, mantuvo grupos de supervisión de at. Es uno de los precursores de ideas sobre AT en Brasil.

Así, la misión del at es ser la figura terapéutica en los momentos cotidianos del paciente. Él ejerce varios papeles y se relaciona con el paciente de diversas formas, ya sea como la imagen del terapeuta fuera del consultorio en determinados momentos, como recordando al paciente de lo que ya ha sido trabajado, o ayudándolo a mantener el programa de tratamiento, o aun intercambiando informaciones como terapeuta, para poder pensar en la mejor estrategia terapéutica para el paciente (CARVALHO, 2004).

## 2.1.C ACTUALMENTE

El Acompañamiento Terapéutico, como fue citado anteriormente, ha sido utilizado en los últimos 30 años como un dispositivo terapéutico bastante diversificado y de importante impacto dentro de la perspectiva de una clínica ampliada. El AT se orienta por medio de la propia historia, que es concomitante a la historia de la psiquiatría y de la locura, pero actualmente no es rehén de una especialidad o de un área específica, tanto que médico, psicólogo, terapeuta ocupacional (TO), enfermero, ejercen o ya hicieron AT. Tampoco de una vertiente teórica: psicoanálisis, psicología comportamental, psicología analítica, psicología social. Estas prestan su perspectiva y conspiran a respecto de esta práctica intentando promover la ampliación práctica y teórica.

El profesional[35] que ejerce el AT atiende actualmente una población muy diversificada: personas con dificultad de sociabilización, personas portadoras de deficiencia mental, usuarios de alcohol y otras drogas, pacientes con trastornos psiquiátricos graves, personas con dificultad de aprendizaje, reclusos del sistema penitenciario, etc. El acompañante terapéutico (at) compone equipos multidisciplinarios de at. Son grupos que ejercen las actividades en diversos lugares e instituciones urbanas de servicios

35. Ya hay cursos de extensión y formación para at (acompañante terapéutico).

públicos de salud, viajan, trabajan de madrugada, actuando de acuerdo con las necesidades y especificaciones terapéuticas. En general en la calle, en la residencia del paciente, en un club, en un parque etc. (A CASA, 1997).

En esa manera de aproximarse a la realidad del paciente y de intervenir en su vida cotidiana, se observa la mejora de las relaciones psicosociales. Su actividad es bastante amplia y variada y puede tener que adaptarse a situaciones de riesgo; especialmente con pacientes suicidas o pacientes en crisis psicótica aguda.

El at también actúa como un agente de comunicación dentro de la familia, ayudando en las relaciones, organizando los roles, procurando configurar el mejor entorno para el paciente. De esta forma, el trabajo del at adquiere una posición de gran importancia en la mejoría del cuadro de muchos pacientes, y puede llegar a convertirse en el pilar central del tratamiento de muchos casos graves.

De todos modos, desde que surgió en América Latina, a mediados de 1970, hasta hoy, el AT viene siendo utilizado en tratamientos psiquiátricos y en otros tipos de tratamiento en los que se le da importancia al desarrollo y reinserción psicosocial del individuo. Está siendo difundido, reformulado y adaptado a nuevas situaciones surgidas en el mundo contemporáneo, transcendiendo el campo terapéutico tradicional de la clínica y sosteniéndose en una postura más amplia. Y así continúa abriéndose paso más allá de los consultorios, clínicas y hospitales, penetrando en el día a día, en la vida cotidiana, interactuando y actuando en la interfaz entre hombre y sociedad (A CASA, 1991).

Actualmente la perspectiva no es de ruptura con la psiquiatría, sino como alternativa de intervención terapéutica y composición con los equipos multidisciplinarios y multiprofesionales.

## 2.2. EL TRATAMIENTO PSICOSOCIAL A TRAVÉS DEL AT

En el final de la década del 90, con la aproximación de las prácticas psicosociales, se le daba atención al enfoque del AT, principalmente porque en las supervisiones de los at, se observaba que los diversos profesionales que trabajaban con el paciente psicótico, en especial, se sentían perdidos a respecto de su papel en la relación con el paciente. Con el pasar del tiempo se fue estableciendo, a partir de la práctica, la necesidad de elegir focos de atención, percibiendo que es extremamente importante destacar algunos aspectos de esa intervención terapéutica mediada por el AT en la reinserción psicosocial de la persona con trastorno psiquiátrico:

• La circulación social;

• La no internación;

• El fortalecimiento de los vínculos afectivos y sociales;

• La inserción en actividades laborales;

• Reflexiones clínicas y desarrollo de habilidades de la vida diaria;

• Colaboración en las AVD y AVP [36];

• Aceptación de nuevas propuestas sugeridas por los equipos multiprofesionales y/o profesionales involucrados en el tratamiento de la persona acometida por una crisis psiquiátrica;

• Colaboración y elaboración de proyectos terapéuticos;

• Colaboración y elaboración conjunta de diagnósticos diferenciados;

• Fortalecimiento del proyecto de vida de los individuos atendidos;

• Reinserción social;

• Construcción y/o fortalecimiento de la autonomía.

---

36. Actividades de la Vida Diaria y Actividades de la Vida Práctica.

Independientemente del referencial teórico que el at utiliza, los aspectos citados deben componer el trabajo reflexivo al respecto de dichas intervenciones, respaldando el proyecto terapéutico propuesto (MAUER; RESNIZKY, 2008).

El tratamiento por medio del AT sería, actualmente, una propuesta terapéutica integrada al tratamiento del paciente, sirviendo como un recurso terapéutico más a ser indicado, y que viene a sumarse a otras intervenciones y cuidados: del médico psiquiatra, del psicólogo, del terapeuta ocupacional, de talleres y grupos etc.

El AT sería indicado para el paciente según la necesidad y la etapa del tratamiento, teniendo en cuenta que su proyecto terapéutico es una composición dentro del repertorio mayor que es el trabajo multiprofesional. Puede ser elaborado por el propio at en conjunto con el paciente y/o con la familia y/o indicado por el equipo técnico responsable por el paciente, constituyéndose en un recurso más dentro del tratamiento.

El AT se define por sí solo como la extensión del tratamiento más allá del encierro y de la internación psiquiátrica; o como la expansión de la vida del paciente por el mundo posinternación en vista de su reinserción psicosocial.

La locura, es decir, el paciente, el "loco", pide permiso para entrar a la clase, a la escuela, al cine, para pasear por la Avenida Paulista, por el parque Ibirapuera, para estudiar en la universidad, frecuentar bares, restaurantes y todas las otras situaciones pertinentes a las personas que se dicen "normales"; mejor dicho, él pide y hay un lugar de existencia y para que él exista. Hay aquí una posibilidad de vencer el estigma del "loco", de la locura, del trastornado, del "13", del "esquizo".

El AT era una actividad que estuvo vinculada a expresiones despectivas, tratado como cualquier cosa - siendo expatriado, dentro de una mirada simple, como el niñero de los pacientes;

"ve a dar una vueltita con el paciente para ver si él se calma", inclusive porque allí en el principio de todo, el AT era ejercido por profesionales con poca formación, como ayudantes o asistentes de enfermería psiquiátrica, por estudiantes de psicología, de enfermería, de terapia ocupacional y por residentes de psiquiatría.

Sin embargo, lo que se observó, fue que el campo psicosocial proporcionaba otras miradas al tratamiento y que el trabajo era extremamente valioso. Se percibió lo inverso del proceso, la valorización, la calificación y la especificación de este profesional llamado at.

Finalmente, esta intervención psicosocial más actual se refiere a algo que excede el campo de la clínica, tiene su interlocución e intersección en el trinomio biopsicosocial, posibilitando reflexiones de las cuestiones psíquicas, biológicas, y del entorno familiar y social, lo que incluye en esa idea la imagen del *anima mundi*[37]. Podemos pensar, más singularmente, en la construcción de la subjetividad, lo que nos ofrece un paseo por las vertientes de las relaciones sociales, y de la vida cotidiana y clínica del paciente.

37. Examinaremos mejor ese concepto en el capítulo 5.

# 3. CARL GUSTAV JUNG: CONSIDERACIONES SOBRE LA PSICOSIS

*Una substitución momentánea de la voluntad de la consciencia del yo por la intrusión de otras series (...) el proceso subjetivo coexistente puede ser solo aquel en el que toda manifestación psíquica irrumpe en la consciencia de modo súbito siendo experimentado como algo totalmente extraño (...).*

(Carl G Jung, 1990)

Carl Gustav Jung nació en el cantón de Turgovia, Kesswil, y se tornó médico psiquiatra a los 25 años. Estudia con grandes profesionales, entre ellos el Prof. Dr. Pierre Janet (1854-1947)[38], pero mantiene en su concepción la filosofía de Kant (1724-1804)[39], Goethe (1749-1832)[40], Schelling (1775-1854)[41], Schopenhauer (1788-1860)[42] y Nietzsche (1844-1900)[43]. Va a trabajar como asistente en la Clínica Psiquiátrica de Burghölzli en Zúrich, donde el

38. Psiquiatra y Neurólogo Francés. Trabajó con el neurólogo Jean Martin Charcot, director del mayor manicomio de Paris, el Salpêtriére.

39. Immanuel Kant - Filósofo prusiano, considerado el último gran filósofo de la era moderna.

40. Johann Wolfgang von Goethe - Escritor y pensador alemán.

41. Friedrich Wilhelm Joseph von Schelling - Filósofo alemán, uno de los representantes del idealismo alemán, como Fichte y Hegel. Se dedicó a estudiar Spinoza.

42. Arthur Schopenhauer – Filósofo alemán del siglo XIX. Introdujo el pensamiento indiano y algunos de los conceptos budistas en la metafísica alemana. Su principal obra: "El mundo como voluntad y representación"(1819).

43. Friedrich Nietzsche - Filólogo y filósofo alemán del siglo XIX.

director era el Dr. Eugen Bleuler (1857-1939), famoso psiquiatra suizo que venía desarrollando estudios en nosología psiquiátrica. El Dr. Bleuler, será su preceptor y gran incentivador en sus investigaciones[44] psiquiátricas, en especial sobre las psicosis esquizofrénicas y las pruebas de asociación de palabras.

Médico psiquiatra y fundador de la psicología analítica (psicología profunda o compleja; psicología junguiana), tomó como fuente para su teoría la influencia directa de la psiquiatría dinámica de Bleuler, la psicoanálisis de Freud (1856-1939)[45], además de beber directamente de la fuente estudios sobre alquimia, mitología, filosofía oriental y religión.

Este estudioso, famoso por su erudición, incitó el nacimiento de una nueva visión y concepción de hombre y del mundo, partiendo de la premisa de la relación humana. Sus trabajos y estudios en clínica psiquiátrica trajeron a la superficie nuevas hipótesis, entre ellas la existencia de complejos emocionales de fondo afectivo[46]que interferían en la vida de las personas, actuando, muchas veces, inconscientemente:

> Es la imagen de una determinada situación psíquica de fuerte carga emocional y además de eso, incompatible con las disposiciones o actitud habitual de la consciencia. Esta imagen está dotada

44. Théodore Flournoy (1854-1920) Médico, Profesor de Filosofía y Psicología. Estudioso e investigador sobre fenómenos psíquicos, sonambulismo y espiritismo. El interés de Jung por esos temas alimentó una amistad que mantuvo debates e intercambios sobre estudios científicos y clínicos durante mucho tiempo.

45. Sigmund Freud- Neurólogo y creador del Psicoanálisis.

46. Complejo es una reunión de imágenes e ideas que se mantienen unidas (por uno o más arquetipos) por medio de una carga emocional común a todas. Podemos ver también sus artículos anteriores: "La influencia del complejo de tonalidad afectiva sobre la valencia de la asociación" (JUNG, 1904) 1995, vol. 2 § 606) y "El complejo de tonalidad afectiva y sus efectos generales sobre la psique" (JUNG, 1907) 1990, vol. 3 § 31) el comienzo y la evolución de este concepto en la obra.

> de poderosa coherencia interior, tiene su totalidad propia y goza de un grado relativamente elevado de autonomía (...). (JUNG, 2000 vol. 8/2, §201)

Jung complementa que no son las personas que tienen complejos, sino los complejos que las tienen a ellas, tan grande es su influencia afectiva y emocional (JUNG, 2000).

Así en el curso de sus estudios sobre la psique y su dinamismo, se profundizó en el tema, considerando al complejo del yo como:

> Entiendo el "yo" como un complejo de representaciones que constituye para mí el centro del campo de la consciencia y que me parece tener gran continuidad e identidad consigo mismo (...). El complejo del yo es tanto un contenido como una condición de la consciencia, pues es también un elemento psíquico que me es consciente mientras esté relacionado con el complejo del yo. (JUNG, 1991 vol. 6, §796)

Es interesante ver que los complejos se manifiestan con cierto grado de autonomía (JACOBI, 1995), pero cuando hablamos de complejos autónomos:

> Este término significa la capacidad de los complejos de resistir a las intenciones de la consciencia, de ir y venir a su antojo. De acuerdo con todo lo que conocemos sobre ellos, los complejos son magnitudes psíquicas que escapan al control de la consciencia. Separados de ella, llevan una existencia aparte en la esfera obscura de la psique desde donde pueden, a cualquier hora, impedir o favorecer actividades conscientes. (JUNG, 1991 vol. 6, §988)

De esta forma presuponemos una autonomía diferenciada en la relación con la consciencia, principalmente cuando este material es constelado.

Las pruebas de asociación de palabras contribuyeron para que la teoría psicoanalítica tuviera inicialmente una comprobación empírica, haciendo el psicoanálisis alcanzar otro gran círculo de pesquisa, saliendo de Viena y llegando a Zúrich (Burghölzli).

Jung construyó la base de su teoría, a partir del intercambio de ideas, conversaciones y discusiones con Freud, diferenciándola del énfasis dado por el psicoanálisis a la teoría de la sexualidad. Fue el primero a hablar de la importancia del análisis para el analista, y más tarde, se refirió a esto como "ecuación personal".

Formuló conceptos y una concepción más amplia del aparato psíquico, destacando la existencia de las instancias psíquicas: consciente, inconsciente personal e inconsciente colectivo; este último conteniendo las experiencias arcaicas de toda la humanidad. De esta forma, podríamos pensar por qué en cuadros de psicosis aguda, catatonias, esquizofrenia hebefrénica, muchas veces el paciente acababa presentando comportamientos, ideas delirantes o alucinaciones con contenidos desconocidos para él. En esa perspectiva era posible pensar en el concepto de arquetipo, que determinará su concepción teórica. Los arquetipos son estructuras innatas que sirven de matriz para la expresión y el desarrollo de la psique (JUNG, 2000).

En la teoría de Jung, el concepto de libido (energía vital o psíquica) se componía de diversos aspectos, a diferencia del concepto de libido de Freud que correspondía solo a los aspectos de la sexualidad. De esa forma podríamos entender y ampliar los fenómenos del inconsciente, presuponiendo el funcionamiento dinámico del aparato psíquico que correspondía a tres instancias psíquicas: consciencia, inconsciente personal e inconsciente colectivo con su estructura y sus correspondientes psíquicos como los complejos y arquetipos: persona, ego, sombra, anima/animus y *self* o Sí mismo.

**El modelo junguiano de la psique**

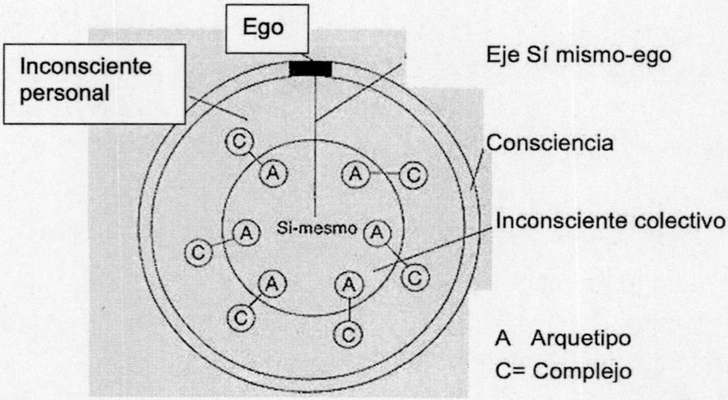


Adaptado de Stevens, On Jung, 1990, p. 29.

También es interesante pensar que, dentro de este dinamismo psíquico, en la psicosis la perspectiva se da desde la fuerza activada en el inconsciente, en la relación directa con la consciencia, en la movilización de energía psíquica activada en el inconsciente y su correspondiente egoico para "recibir" estos contenidos psíquicos (JUNG, 1986).

El legado de su trabajo con la psicosis se desarrolla en la Clínica Psiquiátrica de Burghölzli desde sus tiempos de estudiante, bajo la preceptoría de Bleuler, famoso por proponer la distinción entre los dos grandes grupos de enfermedades psiquiátricas, aportando la conceptuación del término esquizofrenia[47].

47. En la formulación original de Emil Kraepelin, la demencia precoz fue substituida por la denominación esquizofrenia porque para Bleuler (1911) "las perturbaciones más elementales parecían ser una falta de unidad, una disociación y disgregación del pensamiento, del sentido y de la voluntad, y del sentimiento subjetivo de la personalidad" (BLEULER, 1985, p.279).

Jung, como inquieto investigador, aplicó los conceptos de inconsciente colectivo y la teoría de los arquetipos en los cuadros de psicosis y esquizofrenia. Las implicaciones dinámicas de esas ideas presuponen que, dentro del funcionamiento psíquico, el ego quedaría subyugado al material del inconsciente colectivo. Podríamos pensar entonces, que los complejos disociados podrían invadir, fragmentar o dominar, por sí solos o todos al mismo tiempo, el ego, la personalidad del paciente, hasta el punto de tener cierta autonomía sobre él. En esa perspectiva de invasión, la activación del inconsciente mostraba el tamaño y el potencial de energía psíquica que estaba en juego y el "poder de influencia" de esas fuerzas provenientes del inconsciente (JUNG, 2000).

Esos procesos, muchas veces, irrumpen en momentos peculiares de la vida del individuo, y la posibilidad de integración y asimilación de ese material solo será posible de acuerdo con la capacidad egoica de "soportar" o de "rendirse" a esos contenidos. Es aquí donde ocurre la gran dificultad. Pero, para Fierz (1997)[48], este sería un movimiento determinante e inevitable para la ampliación de la consciencia en pro del desarrollo psicológico y de la individuación:

> La hipótesis de trabajo (...) transcurre de la siguiente manera: la psicosis aguda puede ser proceso de autocura. Antes del inicio de la enfermedad, existe una actitud mental inadecuada y desgastada, actitud habitual de la consciencia que ya no es apropiada. Pero existe también dificultad para renovar la consciencia, y por ese motivo el nuevo factor que debe ocasionar el cambio asume la forma de complejo autónomo en el inconsciente. El complejo atrae para sí la energía psíquica (...) con la consiguiente pérdida de energía y de confianza. El debilitamiento de la consciencia en el *abaissement* permite que el complejo penetre en la consciencia (...) el antiguo orden se

48. Heinrich Karl Fierz (1912-1974) se graduó como psiquiatra en 1938 y formó parte de la 1ª generación de analistas junguianos.

> derrumba (...). Los síntomas que se presentan (...) necesitan ser, por lo tanto, interpretados bajo un aspecto simbólico (...). Cuando el cuadro agudo retrocede, le sigue la asimilación del contenido del complejo. (FIERZ, 1997, p.176)

En la psicología analítica la condición del ego es importante, como también los ciclos de desarrollo[49]. Las tareas psíquicas de la vida[50] son condiciones estructurales para hacer frente a ese proceso, pues el estado psíquico, de cierta forma, posibilita condiciones para que ese material desconocido surgido del inconsciente, que muchas veces irrumpe con cierta fuerza, en mayor o menor grado, pueda ser "recibido" por el ego. Cuando eso no ocurre, esa "fuerza" del inconsciente emana, y pueden ocurrir alteraciones desde el punto de vista de la consciencia. A veces el ego siendo invadido, a veces fragmentándose o perdiendo temporariamente el control; lo que llamamos posesión del yo y que se manifiesta invariablemente en los delirios y alucinaciones de personas con cuadro de esquizofrenia paranoide[51](SAMUELS, 1989).

En este punto, cuando el material inconsciente irrumpe brutalmente, con su característica de indiferenciación, la consecuencia es una confusión psíquica; un proceso de desequilibrio, sobreviniendo un caos psíquico al que llamamos crisis psicótica aguda.

Así, si el ego tiene la capacidad de soportar, dando nuevo sentido a esa descompensación, y creando condiciones para el flujo

49. Esa es la visión de la Escuela Desarrollista Junguiana. Se observa que en la actualidad hay tres importantes Escuelas Junguianas (líneas y/o modelos): Clásica, Desarrollista y Arquetípica.

50. Jung dividió el desarrollo psíquico en ciclos (etapas). Según él, en la 1ª etapa de la vida (trabajo, familia, afirmación personal etc.) consideró las realizaciones y la estructuración, vinculadas a la extroversión. En la 2ª etapa, poscrisis de la metanoia, el proceso de introversión (espiritualidad, búsqueda del ser...) gira alrededor de experiencias personales más profundas en contrapunto con cuestiones de la 1ª etapa de la vida.

51. Actualmente considerada CID 10: Trastorno Delirante Persistente.

de energía psíquica que viene del inconsciente, principalmente debido a la unilateralidad y distanciamiento de la consciencia con el inconsciente, percibimos, nuevamente, una reorganización psíquica.

En la visión junguiana, el inconsciente compensa a la función consciente; es decir, cuanto más desequilibrado está el funcionamiento psíquico, mayor será la dimensión y la disposición energética que estará disponible en el inconsciente para el desarrollo psíquico del individuo.

Dentro de esa dimensión, una crisis psíquica no necesariamente llevaría a una ruptura, en la visión de Jung (2000), pues pocos podrían transformarse en psicóticos en su estructura, porque la crisis traería una posibilidad nueva de reorganización psíquica y no la pérdida de contacto con la realidad.

En la visión de Fierz (1997), la crisis traería elementos para el desarrollo psíquico más adecuado y sintonizado con la relación ego-self. Siendo así, podríamos pensar que en la crisis psíquica o cuando el inconsciente invade la consciencia, surge una necesidad "urgente" de la transformación de la consciencia, pensando la crisis como un proceso de redefinición, componiendo un efecto "curativo", pues surgiría aquí un nuevo símbolo en la consciencia, es decir, una nueva dimensión para el desarrollo psicológico del individuo.

Cuando nos referimos al flujo de energía psíquica, pensamos también en su aprovechamiento. A veces retenida en la consciencia o en el inconsciente por algún complejo, o, a menudo congelada en el inconsciente, debe ser "activada", pues puede quedar disponible para la consciencia, al realizarse el desarrollo de las fases de la vida.

Sin embargo, cuando esta energía psíquica no tiene un escape, se queda sin flujo o sin dirección, sin un canal de asimilación por vía consciente, puede originar síntomas. Esta energía excedente solo podría originar un desequilibrio psíquico[52] y el surgimiento de diversos síntomas que serán asimilados o no por la consciencia (MENDES, 2012).

Aquí la relación se vuelve tenue, pues las actividades cinestésicas, por vía del aparato psíquico, causan distorsión en el equilibrio emocional y funcional, alterando el patrón de comportamiento y la percepción del mundo del individuo que se ve movilizado por tales cuestiones.

Es importante destacar lo mucho que Jung valorizó la cuestión de la relación consciente-inconsciente. El centro de la consciencia (ego/yo) y el centro del inconsciente (Self/sí mismo) tenían que estar alineados dentro de la esfera de la relación eje-ego-Self, para mantener esa relación saludable posibilitando el equilibrio psíquico, pues esta conexión es importantísima para el flujo de energía más profundo (SAMUELS, 1988).

El desequilibrio de la dimensión energética puede ocurrir debido a una inflación del complejo del yo, o por un fortalecimiento de un complejo en el inconsciente. En ambas situaciones la energía no se utiliza provechosamente. Si está acumulada en el complejo egoico este se torna inflado, es decir, súper poderoso, intentando prescindir del inconsciente, y puede llegar a una desadaptación con la realidad. Por otro lado, si la energía está aglomerada alrededor de uno de los complejos del inconsciente, este puede crecer a punto de suplantar el complejo de la consciencia, apoderándose de la personalidad y tomando el control. Según Jung, en este caso estamos hablando de la posesión por un complejo autónomo (JUNG, 1990).

Esta condición origina una desadaptación que en materia de salud mental corresponde a la propia psicosis.

52. Como menciono en mi trabajo el Estudio de Caso de la paciente Sta. Frida (2012).

En el caso de la psicosis[53] los complejos se tornan imágenes autónomas como (construcciones delirantes) y específicamente en los casos de esquizofrenias[54] esos complejos autónomos dan escape a las alucinaciones auditivas, visuales o cinestésicas, tardando en fragmentar el complejo del yo, o hasta bloqueando la personalidad consciente, perdiendo el acceso a nuevas fuentes de regeneración o ampliación psíquica, que el inconsciente profundo tiende a actualizar (JUNG, 1990).

Posteriormente, Jung profundizó la comprensión de los conceptos de complejo y arquetipo con la experiencia que fue adquiriendo a lo largo de la vida, en virtud de su práctica clínica, cuando atendía en su consultorio en Zúrich, o aún durante sus retiros para la casa del lago, con la construcción de la famosa "Torre" y especialmente, en su experiencia "viva" narrada en el Libro Rojo[55].

Es interesante pensar en lo mucho que esas ideas han sido reformuladas, pero el abordaje de la psicosis en esta perspectiva ha sido mantenido, considerando el funcionamiento psíquico, principalmente en esta relación del eje-ego-Self como primordial en la perspectiva clásica junguiana.

Entendemos también, que con el surgimiento de los primeros neurolépticos (antipsicóticos)[56], a los cuales Jung inicialmente no tuvo acceso, pues estaba alejado de casos de esa naturaleza, se percibe que el comportamiento psicótico demostró ser manejable con esas drogas, pero las condiciones psíquicas y emocionales asociadas a dichos estados no se alteraban, solo era posible contener comportamientos impulsivos de agresividad, hetero o autoagresividad en la crisis aguda.

53. Jung, 1990 vol. 3 "Contenido de la Psicosis" § 317-424.

54. Jung, 1990 vol. 3 "La Esquizofrenia" § 553-584.

55. Sono Shamdasani (2009) "The Red Book" *[El Libro Rojo]*. Lanzado en Brasil en 2010 como "O Livro Vermelho". Editora Vozes.

56. Surgimiento de la primera medicación antipsicótica, en la década del 50, clorpromazina y posteriormente el haloperidol.

La crisis emocional, en especial la psicótica, puede ocurrir en momentos de tensión aguda provocando un comportamiento impulsivo abrupto, un ataque súbito. A menudo, esa explosión puede estar incubada durante mucho tiempo, como un volcán en el momento que antecede a la erupción. Estos casos en la actualidad se consideran como "estados prodrómicos"[57], principalmente en los casos de esquizofrenia.

A diferencia del abordaje en el campo de la neurosis, donde el material está cerca del campo de la consciencia, en la psicosis gran parte del contenido que emerge de campos más profundos del inconsciente, relativos al inconsciente colectivo, a menudo son incomprensibles del punto de vista del ego, pero extremamente comprensibles del punto de vista de la complejidad del inconsciente colectivo y sus imágenes arquetípicas.

No fue por casualidad que Jung, estudió año tras año los mitologemas, la historia de la humanidad, las religiones, pues allí estaban los temas envueltos en los delirios y alucinaciones de sus pacientes. En esos campos él percibió la grandiosidad de las imágenes arquetípicas vistas y manifiestas, que también se producían desde la manifestación de esos contenidos del inconsciente en las psicosis.

En el campo de la psicología junguiana brasileña, fue la Dra. Nise da Silveira[58], que logró aproximarse a las investigaciones de Jung, concretamente a las experiencias en el campo de las psicosis esquizofrénicas, y especialmente a la cuestión del tratamiento. Su trabajo, realizado por medio de intervenciones terapéuticas y utilizando técnicas expresivas, tuvo lugar en los talleres ocupa-

57. Prodrómicos: estudios actuales principalmente en los Departamentos de Psiquiatría de la UNIFESP y USP discuten sobre la importancia de identificarse los estados precoces (anteriores) a la crisis esquizofrénica, de manera preventiva.

58. Fundó el Grupo de Estudos C. G. Jung *[Grupo de Estudios C.G. Jung]* (1955) el primer grupo de estudios de Psicología Analítica en Brasil.

cionales del hospital psiquiátrico, donde trabajaba la cuestión de la producción psicótica por medio de expresiones e imágenes que reverberaban en la vida psíquica del paciente.

En ese tratamiento, la Dra. Nise observaba las imágenes pintadas por muchos de sus pacientes y su reorganización psíquica, a lo largo del proceso dentro de los grupos. Estimulaba la libre expresión y veía en esos trabajos unos contenidos que confirmaban las manifestaciones arquetípicas en las alucinaciones y delirios de los pacientes psicóticos, con la aparición de mitologemas.

Jung conoció el trabajo realizado por Nise, en el II Congreso Mundial de Psiquiatría en Zúrich, en 1957. Él mismo le sugirió que profundizara su conocimiento de mitología para entender mejor los significados de esas imágenes arquetípicas que sus pacientes producían.

Aunque Jung defendiera una predisposición psicológica innata de la personalidad del individuo, no atribuía la etiología de la psicosis a una única causa. Hoy sabemos que no existe una única influencia para esta enfermedad psíquica y que ella ocurre dentro de una concepción y combinaciones de diversos aspectos de la vida de la persona.

Si un paciente en estado psicótico fuera accesible a la psicoterapia, se puede hacer una tentativa de fortalecer su ego, contabilizando fuerzas para que los contenidos psíquicos puedan ser integrados y fortalezcan la consciencia. Mientras que, si no se hace ninguna elaboración, es probable que la reorganización psíquica se pierda y el proceso simbólico permanezca caótico y fuera de control.

Vale recordar que el propio proceso autorregulador de la psique procura restaurar el equilibrio psíquico a través de los símbolos contenidos en los síntomas neuróticos o psicóticos.

Con la experiencia clínica, se percibe hoy lo mucho que es

difícil trabajar con pacientes de esa naturaleza en el tradicional *setting* analítico y, aquí, pensando en los modelos más actuales de trabajo en salud mental, vemos hasta qué punto una estructura de trabajo multiprofesional se constituye en una posibilidad importante en el tratamiento y, especialmente, cuando se incluye un at en la vida de esos pacientes.

Dentro de esa nueva concepción de tratamiento hay una evolución a considerar para hacer frente al material del inconsciente, la existencia del entorno y también la utilización de psicotrópicos.

La contribución básica de Jung fue reevaluar la importancia de la psique, su funcionamiento en esos estados y considerar la manifestación del inconsciente colectivo y su disposición energética.

Pesquisas con los experimentos de asociación ayudaron a elaborar y revelar la perspectiva cuerpo y psique, componiendo la idea psicofísica, de que también en la esquizofrenia hay un trastorno psicosomático, pues cambios en la química del cuerpo y distorsiones de la personalidad están, de alguna manera, interconectados a cuestiones psíquicas (JUNG, 1995).

Intentar descubrir una misteriosa toxina que fuera alterada a lo largo del proceso de desarrollo psíquico y que inicialmente pudiera existir perfectamente en todos nosotros, pero que solamente tendría su efecto devastador en circunstancias psicológicas (sociales y biológicas) desfavorables y propusieran la manifestación de esas erupciones psicóticas, era algo que la psiquiatría desde su inicio se proponía investigar (JUNG, 1986).

No hace mucho tiempo, la idea de buscar un componente genético en la esquizofrenia o por medio de las pesquisas actuales con imágenes del cerebro, que examinan las alteraciones cerebrales en las áreas dopaminérgicas como posibles factores biológicos, para encontrar una "causa" que pueda ser tratada, siempre fueron metas de la psiquiatría organicista.

Una nueva discriminación, también sintonizada con la opinión contemporánea, es que una aparente falencia nerviosa de hecho podría ser una forma de falencia de las defensas psíquicas. Esos serían los primeros pasos para el desarrollo de la experiencia clínica de Jung con la esquizofrenia, pues como se sabe, él vivió y trabajó en un hospital de primera magnitud científica, cuando todavía no existían los medicamentos psicotrópicos, tan utilizados hoy en la primera fase de una crisis psicótica aguda y crónica.

Pienso que Jung trabajó tanto con los "síntomas negativos" (embotamiento afectivo y aislamiento social) del paciente esquizofrénico, como con la óptica productiva y "colorida" de los cuadros (delirios y alucinaciones), que son las formas más encontradas dentro de los hospitales de día y clínicas de salud mental, donde el at inicia su trabajo.

Por otro lado, también fue más al final de su vida, que estuvo más desinteresado en ese tema, pues su mirada y su preocupación estaban distanciados de esas cuestiones.

También se sabe que las enfermedades mentales cambian de características de acuerdo con las transformaciones culturales, sociales y también con la época, y esas son las razones que posibilitaron la existencia y oposición, en especial en la psiquiatría, de algunos profesionales de abordaje más humanista como: Maxwell Jones, David Cooper y Ronald Laing en Inglaterra, Franco Basaglia y Franco Rotelli en Italia y Thomaz Szasz en los EEUU, eventualmente, todos contemporáneos de Jung y profundos cuestionadores de los modelos biológicos propuestos por la psiquiatría en sus diversos momentos históricos.

Jung prefirió buscar en la psique individual, en el inconsciente colectivo los motivos y orígenes mayores de esas enfermedades graves, lógico que siempre considerando los factores y situaciones externas que el paciente acometido por ellas vivía.

De cualquier manera, más que un médico psiquiatra, Jung, fue un psicoterapeuta, un especialista del alma humana que hizo de la relación con el otro y del *setting* terapéutico una práctica de vida, iluminando caminos y experiencias sombrías, haciendo de ser humano su principal técnica, especialmente creyendo que algo superior podría transformar a esa persona y su situación actual.

Fue por medio de las imágenes arquetípicas que pudo comprender la amplitud de la existencia humana, sin quedar circunscripto al campo de la psicología científica.

En definitiva, más que un especialista, Jung, fue un amante de la vida, un hombre repleto de contenidos, significados y sentidos, un caminante, un ciudadano del mundo que fue mucho más allá de su tiempo:

> Mi vida es la historia de un inconsciente que se realizó. Todo lo que en él reposa, aspira a volverse acontecimiento, y la personalidad, por su lado, quiere evolucionar a partir de sus condiciones inconscientes y experimentarse como totalidad. (JUNG, 1975 p.19)

# 4. CONSIDERACIONES SOBRE LA ESQUIZOFRENIA

> *Voy a pasar revista cuerpos hombres caninos carbonizados y los muertos revertir vuestros cuerpos juntos vuestros espíritus lados os sea lágrimas sangri nombre hijo del hombre la voz padre creador yo excepto vuestra nicencia hijo enju go en nubesespeciales formas bordada en metro próximo yo (...)** NT
>
> (Arthur Bispo do Rosário, 2000)

Hablar de este trastorno psiquiátrico no es nada fácil, pues me transporta al principio de la historia de la locura y de la propia psiquiatría. No soy un *expert* sobre el tema, tampoco médico psiquiatra, neurólogo o terapeuta ocupacional. Mi formación como psicólogo y acompañante terapéutico me coloca en el límite del entendimiento; pero también me proporciona las condiciones para mirar de manera diferente y para arriesgarme, forjando adentrarme en las entrañas de esa enfermedad estructural, demasiado incapacitante y destructiva, que acomete tanto al paciente, como a la familia y también a la sociedad.

La idea aquí no es desarrollar detalladamente, ni tampoco examinar profundamente la etiología y la nosología del concepto de psicosis esquizofrénica, hasta porque huiría de la propuesta de este trabajo. Pero sí contextualizar e incluir la percepción y dimensión de la gravedad de ese cuadro psiquiátrico para entender la importancia del trabajo del at y del porqué de su indicación e intervención terapéutica.

Por otro lado, es imposible trabajar en salud mental sin tener cierta percepción, entendimiento y conocimiento previo de este trastorno psiquiátrico tan grave considerando su diagnóstico, su pronóstico y las posibles tentativas terapéuticas de tratamiento, de la que hoy es una de las enfermedades mentales más graves.

Actualmente existen programas[59] y vertientes[60] vinculadas a instituciones serias, que realizan pesquisas y estudios, y explican el tema, intentando iniciar protocolos de tratamiento y buscar su psicogénesis.

Desde mis comienzos como "psi y at" me vi frente a personas con alto grado de sufrimiento psíquico, especialmente los diagnosticados con esquizofrenia (CID10 F:20-20.9[61]). La mayoría de

---

59.*Frase extraída de la pieza en panel de tela "Panel del Universo" de la obra del paciente Arthur Bispo do Rosário. Exposición "Brasil 500 años", pabellón "Imágenes del Inconsciente", realizada en la Bienal de São Paulo - Parque do Ibirapuera en el año 2000.

NT La traducción está tal cual el original, excepto algunas palabras en las que se buscó un significado aproximado. Por ej. la palabra "sangri"(en portugués "sangue") que se traduce como ***sangre***, y "nicencia"(en portugués "licença") que se traduce como ***permiso*** y "enju go" que podría ser "enxugo" en portugués, y se traduce como ***yo seco***.

Los programas de la UNIFESP - Departamento de Psiquiatría - ProEsq y del USP Inst. Psiquiatría - ProjEsq, realizan estudios, pesquisas, y atienden a los "portadores de esquizofrenia". Esos equipos hacen pesquisas e intercambian conocimientos con universidades de los EEUU, Reino Unido, Noruega, Francia, países que estudian con ahínco el tema, considerando que 1 % de la población mundial tiene algún tipo de cuadro psicótico agudo a lo largo de la vida, pueden o ya desarrollaron la psicosis esquizofrénica.

60. Grupos, ONG, Entidades vinculadas o no que estudian, ayudan y acogen pacientes y familiares, en la tentativa de entender tales cuadros. Ex: Proyecto Fênix, SO Esq, Open in the doors Projects, Asociaciones Familiares, ONG, ANS, OMS, etc.

61. Código Internacional de Enfermedades CID 10 (Esquizofrenia F20 a F20.9): La evolución de los trastornos esquizofrénicos puede ser continua, episódica con ocurrencia de un déficit progresivo o estable, o comprender uno o varios episodios seguidos de una remisión completa o incompleta. No se debe hacer un diagnóstico de esquizofrenia cuando el cuadro clíni-

estos pacientes, a los que acompañé a lo largo de estos casi veinte años, ya tenía la enfermedad y muchos ya habían sido diagnosticados.

La psicosis esquizofrénica, según la ven los que trabajan con esas personas y las tratan, es una enfermedad psíquica grave, incapacitante y crónica, con un inicio insidioso que hace crisis en el final de la adolescencia y en el comienzo de la vida adulta, provocando pérdidas: tanto psíquicas como cognitivas, y principalmente afectivas, de acuerdo con la intensidad de cada brote y del tiempo de remisión del cuadro agudo.

La gran mayoría de estos pacientes tienen un pronóstico negativo, debido al defecto esquizofrénico, a la cronicidad y la inversión psíquica, afectiva y financiera, debido a la necesidad de tratamiento especializado, con enfoque multiprofesional, con acompañamiento y orientación familiar durante largos años.

Es precipitado creer que solo con un buen diagnóstico y una orientación familiar con intervención medicamentosa ya sería suficiente para tratar y relativamente minimizar las pérdidas a lo largo de la evolución del cuadro de esas personas que sufren de esquizofrenia.

Vale la pena destacar que la psicosis esquizofrénica siempre ha sido tratada como un tema actual en salud mental, pues además del impacto devastador y degenerativo en la vida del paciente y de la familia, tiene un precio estigmatizante dentro de la sociedad, ya que , muchas veces, la esquizofrenia está asociada a la locura: a "estar volviéndose loco, ser loco".

---

co comprende síntomas depresivos o maníacos en primer plano, a menos que se pueda establecer, sin equívoco, que la ocurrencia de los síntomas esquizofrénicos fuera anterior a la de los trastornos afectivos. Se incluyen en la Esquizofrenia los subtipos: F20. 0 Paranoide, F20.1 Hebefrénica, F20.2 Catatónica, F20.3 Indiferenciada, F20.4 Depresión posesquizofrénica, F20.5 Residual, F20.6 Esquizofrenia Simple F20.8 Otras esquizofrenias F20.9 Esquizofrenia no especificada.

Su etiología permanece desconocida, por más que hoy existan pesquisas de imágenes en busca de factores genéticos y posibles áreas cerebrales que puedan mostrar esta fuente etiológica.

Hoy se considera la diversidad de factores biopsicosociales, sumadas a predisposiciones genéticas y aspectos de vulnerabilidad del individuo, como las posibles causas de la aparición de esa enfermedad.

Se puede decir que, también Jung, desde sus tiempos de estudiante, fue convocado a estudiar esa enfermedad que todavía era conocida como "demencia precoz", y eso no fue por casualidad, pues su preceptor Dr. Bleuler, fue uno de los grandes emprendedores de las ideas sobre el concepto de esquizofrenia, juntamente con Kraepelin y futuramente Schneider, que estaban profundizándose sobre el tema y que han dejado contribuciones importantes que actualmente nos sirven de referencia.

## 4.1. HISTORIA Y CUESTIONES CONCEPTUALES

Aunque los trastornos psicóticos graves sean reconocidos hace siglos, dentro de la idea de locura, según lo demuestran descripciones en registros y clasificaciones médicas y también en referencias y descripciones literarias, hace aproximadamente cien años que existen en la nomenclatura y se usa el término esquizofrenia[62].

Los síntomas de la esquizofrenia[63] son semejantes a los de otras demencias, pero de inicio precoz, por eso se la denomina-

62. La enfermedad ya era conocida desde los tiempos de Hipócrates.

63. La etimología de la palabra esquizofrenia: del griego antiguo σχιζοφρενία: formado por σχίζειν, *skízein*, 'separar, dividir', y φρήν, *phrēn, phrenós*, 'diafragma'; la parte del cuerpo identificada con la conexión entre el cuerpo y el alma. El término significa más propiamente "cisión de las funciones mentales".

ba "demencia precoz". Fue Kraepelin (1856-1926)[64], el primero a delinear, en el final del siglo XIX, los primeros conceptos de la esquizofrenia. Inicialmente se distinguía la demencia precoz de la demencia, es decir, de los procesos demenciales, típicos en personas de edad, uno de los cuales sería denominado, más tarde, Enfermedad de Alzheimer.

También se diferenciaba a la esquizofrenia de las enfermedades de humor (maniacodepresivas), porque cada brote deja una secuela; el defecto esquizofrénico (disminución de la capacidad de vinculación afectiva), también llamado embotamiento afectivo o autismo; considerada más crónica y persistente, con fragmentación y desestructuración del yo, lo que más tarde hizo que Bleuler[65] rebautizara el concepto como esquizofrenia; que significa "mente fragmentada".

## 4.1.A SÍNTOMAS DE LA ESQUIZOFRENIA

El trastorno se caracteriza por la presencia de síntomas esenciales (pérdida de la consciencia del yo, disgregación del pensamiento, delirios, neologismos y embotamiento afectivo) y los facultativos (alteraciones de la sensopercepción, robo del pensamiento, pragmatismo), acompañados por una deterioración funcional significativa durante un período de tiempo relativamente largo y constante (que varía de seis meses a un año y medio dependiendo de la definición que se esté usando para la conclusión del diagnóstico psiquiátrico).

---

64. Emil Kraepelin. Su trabajo se torna importante, pues en sus pesquisas con las psicosis, hizo la descripción de dos formas distintas, clasificó lo que hasta entonces era considerado un concepto unitario: psicosis maniacodepresiva y demencia precoz.

65. Bleuler, Paul Eugen (1857-1939): en sus pesquisas contribuyó a elaborar el concepto de esquizofrenia, distinguiéndola de los procesos demenciales.

Según el Cid-10 la esquizofrenia se caracteriza por:

> (...) distorsiones fundamentales y características del pensamiento y de la percepción, y por afectos inadecuados o embotados. La consciencia clara y la capacidad intelectual usualmente se mantienen, aunque ciertos déficits cognitivos puedan surgir en el transcurso del tiempo. Los fenómenos psicopatológicos más importantes incluyen el eco del pensamiento, la imposición o robo del pensamiento, la divulgación del pensamiento, la percepción delirante, ideas delirantes de control, de influencia o pasividad, voces alucinatorias que comentan o discuten con el paciente en la tercera persona, trastornos del pensamiento y síntomas negativos. (SALUD, (OMS), 1993)

En general, los síntomas característicos permanecen por mucho más tiempo y, muchas veces, algunos persisten para toda la vida. La combinación de incapacitación significativa, que comienza temprano, con la cronicidad de la enfermedad hace de la esquizofrenia un trastorno particularmente trágico para muchas personas. Esta combinación de características comunes, grave e invasivo en sus efectos – torna la esquizofrenia una metáfora para cáncer, el "cáncer de la psiquiatría".

Es notable la dimensión y la profundidad que esta enfermedad tiene en la vida del individuo, afectando tanto los sistemas múltiples como la emoción y la personalidad (psiquismo), como también la cognición y el pragmatismo.

La esquizofrenia es una enfermedad compleja, pero puede ser pensada de dos formas distintas: la de los síntomas positivos y negativos[66] (CHAVES; MARI; SHIRAKAWA, 2001).

66. Crow, Timothy John (1938) - Psiquiatra británico, investigador de la esquizofrenia. Hace su contribución en el campo de pesquisa en Esquizofrenia y Depresión. Para él existen dos tipos de esquizofrenia: tipo 1 en la que los síntomas productivos (positivos) son predominantes y tipo 2, donde predominan los síntomas deficientes (negativos). Él también es el autor de

Con el fin de hacer este complejo trastorno un poco más fácil de entender, algunos clínicos, a menudo distinguen esas dos etapas: en los momentos en que se manifiestan los síntomas hay una alteración de la sensopercepción del individuo y puede haber producciones alucinatorias, auditivas (más comunes), visuales o cinestésicas, comportamientos extraños, emociones e impulsos exacerbados a los que llamamos productivos (positivos). El segundo momento sería el de los síntomas negativos y que están caracterizados por la negativa al contacto, la disminución de la volición, el embotamiento afectivo, mutismo y pragmatismo perjudicado.

En la visión junguiana, en la crisis psicótica hay un torrente productivo de complejos manifestándose, y cuando ese flujo disminuye admitimos que la producción de síntomas negativos viene como respuesta a la disolución de todos los síntomas positivos (ilusiones, alucinaciones, delirios, comportamientos extravagantes o extraños) produciendo un movimiento de compensación del psiquismo y asimilación de los complejos. (FIERZ, 1997)

Los síntomas representan distorsiones o exageraciones de las funciones cognitivas o emocionales normales. Las alucinaciones son alteraciones en la percepción (es decir, escuchar voces sin un estímulo); los delirios son una distorsión del pensamiento inferencial (es decir, interpretación errónea de las informaciones, muchas veces, de manera que sugiere peligro o daño); el habla desorganizada es una ruptura en el lenguaje y en la comunicación, reflejando una desorganización subyacente en el pensamiento; el comportamiento desorganizado es una ruptura en la vigilancia y el control motriz y conductual. Estos síntomas positivos, a veces, se subdividen en otros dos grupos; los delirios y alucinaciones son clasificados como representantes de un contexto psicótico, mientras que el habla y el comportamiento desorgani-

la hipótesis que sostiene que la esquizofrenia es el precio que la especie humana tiene que pagar por desarrollar competencias lingüísticas.

zados o extraños, son considerados como representantes de un contexto desorganizado.

Según la mayoría de las definiciones corrientes, algunos síntomas positivos están siempre presentes en la esquizofrenia. El patrón de la actuación energética y flujo del psiquismo pueden variar, pero, por ejemplo, un paciente puede estar psicótico y escuchar voces y sentirse perseguido, otro paciente puede estar más desorganizado, hablando de un modo incoherente y mostrando alteraciones de comportamiento, tales como agitación, usar ropas extrañas o hacer propuestas sexuales claramente inconvenientes. En fin, ocurre una desorganización psíquica y el yo se hace, muchas veces, escindido, fragmentado o poseído y sin un orden organizado para el flujo de la energía psíquica.

Los síntomas negativos de la esquizofrenia reflejan una pérdida o disminución de funciones productivas – que en condiciones normales están presentes –, y a consecuencia de eso ocurre una retracción energética que se manifiesta como una introversión. Esos síntomas negativos incluyen alogia (pobreza de habla o habla vacía, sin contenido), embotamiento afectivo o mutismo (disminución de la habilidad de expresarse emocionalmente), anhedonia (inhabilidad de experimentar placer, pérdida de interés por la interacción social) y abulia (incapacidad de iniciar o persistir en la búsqueda de un objetivo) y también la pérdida del pragmatismo, lo que, muchas veces, explica la cuestión pronóstica, ahora bien, la cuestión de la crítica perjudicada es una variación del grado de la percepción del ego fragmentado con relación a las partes.

Aunque los síntomas positivos de la esquizofrenia sean exuberantes y atraigan atención para la enfermedad, son los síntomas negativos los que más perjudican la capacidad de la persona de llevar una vida cotidiana normal. Estos impiden que los pacientes esquizofrénicos mantengan relaciones familiares normales, frecuenten escuelas, mantengan un empleo, hagan amigos o establezcan relaciones íntimas, ocasionando dificultades de socialización. Aquí la idea de ser "lunático" o quedarse "en el propio mundo" se presenta fomentando la sensación de exclusión.

Además de esos síntomas "clásicos" que involucran dimensiones psicóticas, desorganizadas y negativas, a menudo también se observan una variedad de otros síntomas, incluyendo deficiencia de atención, falta de discernimiento y comportamiento motriz catatónico. Asimismo, es perceptible que la forma de manifestación se altera para formas totalmente diferentes, pero manteniendo la base de autorreferencia, característica en los trastornos esquizofrénicos.

## 4.2. CONTRIBUCIONES CONCEPTUALES DE KRAEPELIN, BLEULER Y SCHNEIDER

Quiero destacar que, entre los diversos trastornos abordados por los psiquiatras, la esquizofrenia tiene una historia particularmente prolongada. La definición de Kraepelin estableció una conceptuación que viene siendo usada en los últimos casi 100 años. Inevitablemente, un trastorno tan complejo como la esquizofrenia y con una historia tan larga está sujeto a variaciones de conceptuación en el tiempo y el espacio, pues diferentes aspectos del trastorno son enfatizados por diferentes clínicos.

Aunque grandes clínicos hayan dado importantes contribuciones sobre la naturaleza de la esquizofrenia, tres de ellos merecen ser especialmente destacados por lo inédito e importante de sus aportes, ellos son: Kraepelin, Bleuler y Schneider.

De cualquier manera, cada uno ha sido fundamental y ha enriquecido el concepto de esquizofrenia enfatizando un aspecto, aunque ligeramente diferente, y han contribuido para definir la forma cómo se ve y se entiende el concepto de esquizofrenia en la actualidad.

## 4.2.A EMIL KRAEPELIN: CURSO Y DESENLACE

La conceptuación propuesta por Kraepelin enfatizó aspectos de gravedad y  cronicidad. Cuando la definió como síndrome, la demencia precoz, tendía a comenzar relativamente temprano y a producir un perjuicio generalizado y persistente en muchos aspectos diferentes de la función cognitiva y conductual (demenciación). Aunque, Kraepelin repetidamente subrayara la diversidad de signos y síntomas que ocurrirían en la demencia precoz, sugiriendo que las anomalías en la volición y en el afecto fueran especialmente importantes, consideraba el curso crónico y el desenlace empobrecido, para establecer su diagnóstico definitivo. Sin embargo, a medida que recibía contribuciones de otros especialistas y por su propia experiencia clínica, su forma de pensar evolucionó. Complementando también lo que ya había dicho, en su manual sobre demencia precoz, Kraepelin también observó:

> *La presentación de detalles clínicos en el gran dominio de la demencia precoz encuentra considerables dificultades porque la delimitación de los diferentes cuadros clínicos solo se puede obtener artificialmente. Ciertamente, hay una serie completa de fases que a menudo retornan, pero hay tantas transiciones entre ellas que, a pesar de todos los esfuerzos parece imposible realmente delimitarlas con precisión y atribuir, sin dificultades, una forma definida a cada caso. (KRAEPELIN, 2005, p.234)*

Teniendo en cuenta que era un empirista dedicado, gran estudioso, observó en el transcurso de su larga vida profesional, acompañando una gran muestra de pacientes, la mejoría de 12,5 % de ellos. Más tarde y como consecuencia de eso, acabó concordando con Bleuler de que algunos pacientes con demencia precoz podían recuperarse.

## 4.2.B EUGEN BLEULER: SÍNTOMAS FUNDAMENTALES Y EL GRUPO DE LAS ESQUIZOFRENIAS

La formulación original de Kraepelin fue rápidamente complementada por su trabajo, y sugirió que el término "demencia precoz" fuera substituido por "el grupo de las esquizofrenias". Bleuler enfatizaba un aspecto diferente de la enfermedad. Mientras Kraepelin pensaba sobre curso y desenlace, Bleuler reflexionaba sobre la naturaleza de los síntomas típicos. Particularmente, le interesaba intentar identificar cuáles, entre la multiplicidad de síntomas, podrían ser considerados los más básicos y fundamentales.

Para Bleuler, el síntoma más importante era la fragmentación en la formulación y expresión del pensamiento, que él interpretó a la luz de la psicología asociativa, teniendo en cuenta los tests de asociación recién desarrollados[67], e identificó como "aflojamiento de asociaciones". Él redefinió el trastorno de "esquizofrenia" para enfatizar la fragmentación de asociaciones como su característica fundamental.

Bleuler también identificó una variedad de otros signos y síntomas que consideraba fundamentales. Como todos comenzaban con la letra "A", esos síntomas se denominaron "las cuatro A Bleulerianas". En realidad, Bleuler identificó como fundamentales seis síntomas diferentes: asociaciones (es decir, disociaciones en los procesos de pensamiento), ambivalencia, autismo, embotamiento afectivo, abulia y perjuicio de atención. Al intentar determinar qué síntomas eran más importantes o característicos Bleuler comenzó a usar dos criterios diferentes: uno consistía en identificar síntomas patognomónicos "esenciales o básicos" característicos de la esquizofrenia, y el otro, identificar los síntomas accesorios que complican el cuadro básico, a veces permanentemente, y que también ocurrían en otros trastornos (BLEULER, 1985).

67. Test de Asociación de Palabras desarrollado por Jung en 1902.

Bleuler estableció el contraste entre esta anomalía en el pensamiento y los síntomas psicóticos, tales como delirios y alucinaciones, que también ocurren en otros trastornos, incluyendo la enfermedad maniacodepresiva, *delirium* y hasta la demencia. Según el propio Bleuler afirmó:

> *Determinados síntomas de la esquizofrenia están presentes en cada caso y en cada período de la enfermedad, aunque, como ocurre con todos los otros síntomas, tendrán que haber alcanzado un cierto grado de intensidad antes que puedan ser reconocidos con alguna certeza (...) el trastorno de asociación, por ejemplo, está siempre presente, pero no todos sus aspectos (...) además de estos síntomas específicos permanentes o fundamentales, podemos encontrar un conjunto de otras manifestaciones más accesorias, como delirios, alucinaciones o síntomas catatónicos...hasta donde sabemos, los síntomas fundamentales son característicos de la esquizofrenia, mientras los síntomas accesorios pueden también aparecer en otros tipos de enfermedad. (BLEULER, 1985, p.298)*

Él creía, no solo que los síntomas fundamentales eran específicos de la esquizofrenia, sino también que ellos tendían a persistir en vez de desaparecer y que, por eso, reflejaban un proceso más fundamental o básico. El concepto bleuleriano de la esquizofrenia dominó la conceptuación de la esquizofrenia en el mundo entero durante gran parte del siglo pasado. El punto de vista de Bleuler sobre el trastorno conduce a un contexto un poco más amplio que el de Kraepelin, porque no requiere la presencia de síntomas psicóticos y enfatiza menos la cronicidad y la deterioración. Solo uno de los síntomas positivos, trastorno formal de pensamiento o discurso y pensamiento desorganizados, están entre los síntomas fundamentales de Bleuler. En la perspectiva bleuleriana, el aspecto central son los síntomas negativos. Otro componente importante del pensamiento de Bleuler era su énfasis sobre "el grupo de las esquizofrenias". Dentro del contexto de su conceptuación amplia, creía que "las esquizofrenias" eran un grupo heterogéneo de trastornos que podían ser producidos por una variedad de factores diferentes. Está claro que él no fue el primero a señalar la heterogeneidad de la esquizofrenia, pero fue considerado importante para el proceso de definición.

## 4.2.C KURT SCHNEIDER: ÉNFASIS EN LA PSICOSIS Y EL SISTEMA SCHNEIDERIANO

Las opiniones de un tercer psiquiatra europeo, Kurt Schneider, han sido también decisivas para la conceptuación de la esquizofrenia. Así como Bleuler, Schneider estaba interesado en identificar síntomas patognomónicos. Desarrolló una descripción de un conjunto de "síntomas de primer orden" (SPO), que creía ser específicos de la esquizofrenia y de su diagnóstico. Los SPO tuvieron su importancia, ya que el propio Schneider estaba profundamente interesado en entender la experiencia personal de cada paciente. Dentro del contexto, los SPO son tipos específicos de delirios y alucinaciones, tales como inserción de pensamiento, irradiación de pensamiento, delirios de control o voces característicos en la paranoia, en especial en la esquizofrenia paranoide; actualmente trastorno delirante persistente. Ellos tienden a estar conectados por un hilo común que es el hecho de que el paciente se percibe como perdiendo la autonomía de sus pensamientos (SCHNEIDER, 1976).

Esta hipótesis de "pérdida de la frontera del Yo" no fue, sin embargo, la base de la alegación de Schneider de que estos síntomas tenían un peso importante para el diagnóstico de la esquizofrenia. Al contrario, el énfasis de Schneider sobre ellos derivó de observaciones clínicas y de una perspectiva fenomenológica subyacente, íntimamente relacionada al pensamiento de Jaspers (1883–1969)[68].

Los SPO schneiderianos disfrutaron de popularidad por varias razones. Estos tendieron a ser fenómenos de todo o nada. Al contrario de las "cuatro A bleulerianas" (o seis A) que parecen estar de acuerdo con la normalidad, los delirios y alucinaciones schneiderianos son fenómenos distintos y claramente patológicos, "extraños". Debido a este desacuerdo con la normalidad, los investigadores pensaron que los SPO podrían ser definidos de forma mucho más confiable que las "cuatro A bleulerianas".

Estos síntomas han sido ampliamente usados en recientes sistemas de diagnóstico que se basan en criterios, y que intentan identificar síntomas altamente confiables, por eso, desempeñan un papel importante para establecer criterios sobre la esquizofrenia en la Clasificación Internacional de Enfermedades (CID).

Estas tres corrientes – la kraepeliana, la bleuleriana y la schneideriana – coexisten en el pensamiento contemporáneo sobre la naturaleza de la esquizofrenia. Algunos clínicos tienden a discordar en el valor y énfasis que atribuyen a cada una de ellas, lo que, muchas veces, conduce a debates sobre si un paciente "realmente presenta esquizofrenia". Algunos clínicos basan sus diagnósticos principalmente en el énfasis kraepeliano de la cronicidad y el desenlace pobre, mientras otros enfatizan los síntomas bleulerianos negativos y el trastorno de pensamiento y todavía otros insisten en la presencia de síntomas psicóticos visiblemente graves y prominentes. Finalmente, diferentes posiciones reflejan una discordancia real sobre la esencia básica de la esquizofrenia,

68. Karl Theodor Jaspers - Psiquiatra y Filósofo. Considerado el padre de la psicopatología, residió dentro del hospital psiquiátrico, observó, describió e identificó los síntomas de los pacientes, escribiendo el tratado de psicopatología que se transformó en un clásico, (Psicopatología General), muy utilizado en los cursos de graduación y de especialización en psicología, psiquiatría y psicopatología.

pero el debate continúa hasta que la fisiología y etiología del trastorno puedan ser definidas.

## 4.3. LA NATURALEZA DE LA ESQUIZOFRENIA

Luego de presentar los tres puntos de vista sobre el origen del concepto de esquizofrenia es importante considerar que existen algunas reflexiones importantes sobre esta y que son la raíz de cuestiones fundamentales: síntomas característicos, concepto, si es una enfermedad solitaria o de múltiples trastornos, cuál es el mejor método para subdividirla, pensar del punto de vista "positivo y negativo", además de la influencia de cuestiones del entorno y también relativas a la vulnerabilidad[69] del individuo acometido por la crisis.

## 4.3.A SÍNTOMAS CARACTERÍSTICOS

Conforme delineamos, las varias corrientes están en desacuerdo, pero el punto de vista schneideriano enfatiza que los síntomas característicos son positivos; en este sentido, estos implican la dimensión psicótica, compuesta por delirios y alucinaciones, manifestados en las formas más extremas o extrañas.

El punto de vista bleuleriano subraya la importancia de la fragmentación del pensamiento y de la personalidad. Entre sus diversos síntomas, el "trastorno formal de pensamiento" – una desorganización en la estructura y presentación del pensamiento y del habla, más que de su contenido, ha sido considerado como más importante. El trastorno formal de pensamiento se manifiesta por medio de varias formas de fala desorganizada, como ser el aflojamiento de asociaciones o descarrilamientos, donde

69. Se considera a la vulnerabilidad en un campo más amplio; tanto en el aspecto psíquico, relación con el entorno y la sociedad cuanto en la disposición genética.

las ideas "salen de los rieles" y la línea de razonamiento del paciente parece pasar continuamente de un tema a otro sin ninguna ilación coherente (o con un mínimo de coherencia). Cuando el trastorno de pensamiento es muy grave también puede manifestarse como incoherencia. Entonces el habla es desorganizada y suena como "una ensalada de palabras".

Bleuler destacó también la importancia de otros síntomas que reflejan una desorganización de la estructura del pensamiento o de la habilidad de relacionarse adecuadamente con el mundo exterior: ambivalencia, retirada autista para la fantasía, abulia o grave pérdida de impulsos, embotamiento afectivo y déficit de atención.

Un tercer punto de vista, que es el más dominante en esta corriente de pensamiento, es que ningún síntoma aislado o grupo de síntomas puede ser identificado como específico de la esquizofrenia o característico de ella. Siendo así, dentro de las ideas actuales el que tiene más aceptación resalta que la esquizofrenia debería ser conceptuada como una enfermedad multisistémica que presenta manifestaciones que penetran en muchos aspectos del pensamiento, de la emoción y de las relaciones interpersonales, y su fundamentación está dentro de la perspectiva del trinomio biopsicosocial.

## 4.3.B LAS FRONTERAS DEL CONCEPTO

Las fronteras del concepto de esquizofrenia se expandieron y se contrajeron con el pasar del tiempo. La propuesta original de Kraepelin era relativamente restringida, destacando una edad precoz de inicio, una deterioración progresiva y una combinación de síntomas positivos y negativos relativamente severos (aunque él no usara esta terminología específica).

A partir de debates que mantuvo con Bleuler, Kraepelin amplió un poco su concepto y concordó que ciertos casos podrían mostrar un inicio más tardío y una marcante mejoría o hasta la recuperación completa y no enfatizaban la deterioración. Sin embargo, creía que los pacientes con esquizofrenia tendían a no presentar una recuperación completa, denominada "*restitutio ad integrum*" (BLEULER, 1985).

Las fronteras del concepto de esquizofrenia están obscuras en dos límites diferentes. Por un lado, la esquizofrenia comparte una frontera con los trastornos afectivos. En este caso, el concepto de trastorno esquizoafectivo sirvió como una zona intermediaria a partir del momento en que la enfermedad fue primeramente definida por Kasanin (1897-1946)[70], en 1933. La definición de trastorno esquizoafectivo cambió a lo largo del tiempo. Algunas definiciones destacan la ocurrencia simultánea de síntomas afectivos y esquizofrénicos[71]. Muchos pacientes con síntomas clásicos de esquizofrenia desarrollan síntomas depresivos, particularmente cuando adquieren *insight* sobre la naturaleza de su enfermedad, esto hace de la combinación entre síntomas afectivos y psicóticos una forma de dar un "buen pronóstico" a la esquizofrenia (ASSIS; BRESSAN; VILLARES, 2003).

La segunda gran frontera de la esquizofrenia es con un grupo de condiciones que se caracteriza por comportamiento extraño (inadecuado), funcionamiento social pobre y un curso crónico, en la ausencia de síntomas positivos floridos o psicóticos. Las formas no psicóticas leves de esquizofrenia fueron gradualmente añadidas al concepto con una variedad de nombres diferentes: esquizofrenia latente, pseudoneurótica, fronteriza y simple.

La ampliación del concepto de esquizofrenia para incluir estas formas no psicóticas hizo a muchos clínicos considerar que los pacientes que no respondían particularmente bien a la psi-

70. Jacok Kasanin - Psiquiatra Americano

71. No es el propósito de este trabajo expandirse sobre el diagnóstico esquizoafectivo.

coterapia presentaban alguna forma de esquizofrenia en vez de neurosis. Sin embargo, con el surgimiento de los medicamentos neurolépticos se percibió que no todos los pacientes con síndromes suaves presentaban mejoría notable.

Otra fuente de preocupación que recientemente llevó a restringir todavía más el concepto y la exigencia de síntomas positivos prominentes fue la práctica del uso del diagnóstico de esquizofrenia para justificar abusos políticos[72], principalmente en regímenes militares en épocas de dictadura en países sudamericanos. En este contexto, exigir un conjunto riguroso de criterios relativamente estrechos ha parecido apropiado para muchos clínicos que trabajaban con la necesidad de intervenciones con contención.

## 4.3.C ASPECTOS MÚLTIPLES Y JUNG

Dada la extensión y diversidad de los síntomas que caracterizan a la esquizofrenia, es natural considerar si este trastorno es verdaderamente homogéneo o si constituye un grupo de trastornos diferentes. Nuevamente Kraepelin, un clínico perspicaz, fue uno de los primeros a hablar de este asunto. Sin embargo, Bleuler también consideró esa cuestión cuando subtituló su libro "el grupo de las esquizofrenias".

Esta cuestión es difícil de resolver, pues mientras la medicina procura identificar las causas de una fisiopatología de la esquizofrenia, muchas veces, a través de análisis de neuroimagen, otros procuran percibir la manifestación psicopatológica considerando los diversos aspectos para componer la etiología de esta enfermedad.

72. Informaciones de una pesquisa de algunas ONG que trabajan a favor de la Lucha Antimanicomial realizada dentro del Complexo Hospitalario de Juquery en Franco da Rocha traen datos de que durante la década del 70 el Complejo Hospitalario obtuvo otros 12.000 pacientes internados en régimen cerrado y la mayoría, con diagnóstico inicial de esquizofrenia, siendo que al final del régimen militar brasileiro hubo una reducción entre 40 a 50 % de ese total.

Convencionalmente, trastornos distintos em medicina son identificados con base en su fisiopatología, pero del punto de vista de la salud mental, admitir nuestra fragilidad sobre el tema, considerando los diversos aspectos que dan el enredo biopsicosocial, nos acaba colocando en un lugar preciso: el lugar de la duda y de la inseguridad.

No obstante, identificar entidades nosológicas distintas tiende a transformarse en un proceso cada vez más complejo, en la medida en que nuestro conocimiento avanza y las posibilidades de pesquisa utilizando nuevos recursos se vuelven reales.

En nuestro entendimiento, tanto la homogeneidad como la heterogeneidad de la esquizofrenia permanecen demasiado primitivas en sus diversos modelos, diferente de lo que se piensa al poner un fin a esta cuestión.

Los modelos adoptados actualmente fueron propuestos para concluir el debate. El modelo entidad nosológica aislada sugiere que la esquizofrenia es un trastorno aislado. De acuerdo con este punto de vista, la esquizofrenia es semejante a otras enfermedades que presentan manifestaciones múltiples y diversas.

Muchas formas tienden a ser multifactoriales, combinando tanto factores genéticos (y probablemente poligenéticos) con un amplio conjunto de factores ambientales y psíquicos. De acuerdo con este modelo, hay una combinación de las diversas manifestaciones clínicas que reflejan el momento vivido por el paciente dentro del proceso de desarrollo y de maduración.

Existe aún el modelo más adoptado actualmente denominado "múltiples dominios de psicopatología", que afirma que los diversos síntomas de la esquizofrenia representan procesos fisiopatológicos distintos que llevan a diferentes dominios de síntomas específicos.

El empleo de este abordaje, muchas veces, divide los síntomas de la esquizofrenia en tres amplios dominios o dimensiones.

Los síntomas positivos se subdividen en dos dimensiones; una está compuesta por síntomas psicóticos como delirios y alucinaciones, mientras la otra refleja desorganización y está compuesta por trastorno de pensamiento (habla desorganizada), comportamiento desorganizado y extraño y afecto inadecuado. Los síntomas negativos forman la tercera dimensión. Cada una de esas dimensiones se debe a un proceso diferente de enfermedad y consecuentemente lleva a la próxima dimensión y así sucesivamente. Esto quiere decir que cierto paciente puede presentar uno o más de esos procesos diferentes de la enfermedad, provocando así una heterogeneidad clínica observada específicamente en la esquizofrenia (CHAVES; MARI; SHIRAKAWA, 2001).

Cada uno de esos tres modelos intenta examinar la heterogeneidad de la esquizofrenia, comenzando con la presentación clínica de la enfermedad empíricamente observada, a veces denominada fenomenología.

Estudiar el "biotipo", que está compuesto por una variedad de mediciones fisiopatológicas, también fue propuesto como un abordaje alternativo para distinguir la posible heterogeneidad de la esquizofrenia, que se usa para dividir en subgrupos los pacientes que, se supone, presentan esquizofrenia. Las mediciones usadas para evaluar el biotipo incluyen carga genética, exposición a complicaciones de parto y embarazo, exposición a factores de riesgo viral como epidemia de gripe y diversas mediciones neurofisiológicas, neuroquímicas o de neuroimagen (NETO; ELKIS, 1999).

Actualmente, diversos sistemas clínicos se utilizan para establecer subtipos de esquizofrenia, pero lo que sorprende es que, quizá, el más ampliamente utilizado involucra los subtipos tradicionales originalmente descritos por Kraepelin y Bleuler que llaman la atención para la necesidad de dividir los pacientes con base en sus síntomas prominentes que pueden proporcionar informaciones clínicas sobre el curso y el desenlace.

Los subtipos tradicionales incluyen las formas paranoide, desorganizada hebefrénica, catatónica e indiferenciada. Estos subtipos tradicionales se usan en los sistemas diagnósticos estándar, DSM-IV y CID-10, y fueron validados en gran parte por su utilidad para prever el funcionamiento social y ocupacional, el pronóstico y la respuesta al tratamiento.

El tipo paranoide tiende a presentar el mejor desempeño de las funciones social y ocupacional y el mejor pronóstico, mientras que el tipo hebefrénico (desorganizado) presenta el peor. El tipo catatónico es raro en países industrializados o europeos occidentales, pero mucho más común en países asiáticos o africanos no industrializados. Puede tener un inicio relativamente agudo, pero, en algunas formas, presenta un pronóstico relativamente bueno.

Un abordaje alternativo al de los subtipos también fue propuesto: que enfatiza las dimensiones positivas y negativas de la esquizofrenia, combina una descripción del curso y un pronóstico con especulaciones sobre mecanismos fisiopatológicos subyacentes. Según este abordaje, los pacientes pueden ser clasificados como positivos, negativos o mixtos dependiendo de qué características se destacan más.

Los pacientes con síntomas positivos prominentes pueden tener un inicio más agudo, un mejor ajuste premórbido, funcionamiento cognitivo más intacto, mejor respuesta al tratamiento y un mejor resultado; se formuló la hipótesis de que esta forma de esquizofrenia se debe principalmente a un mecanismo bioquímico, tal como hiperactividad del sistema de dopamina (CHAVES; MARI; SHIRAKAWA, 2001).

En el otro extremo, los pacientes con síntomas negativos prominentes tienden más a presentar funcionamiento premórbido pobre, un inicio insidioso, deficiencia cognitiva y un peor desenlace; se supone que este conjunto de características se deba a anomalías en la estructura cerebral y no a la química cerebral, lo que explica la irreversibilidad del síndrome o de la capacidad de refracción. Sin embargo, la mayoría de los pacientes presenta una mezcla de síntomas positivos y negativos, tornando un tanto difícil la aplicación de este abordaje.

También es importante destacar que los problemas para comprender la etiología de la esquizofrenia están mucho más allá de las cuestiones clínicas antes especificadas, principalmente cuando consideramos también los factores psíquicos y psicosociales, y los aspectos culturales y religiosos.

Es interesante que Jung, como asistente de Bleuler y por haber trabajado y estudiado muchos años con él, consideró que la naturaleza de la esquizofrenia era algo "misterioso" y muchas veces incomprensible, pero admitió la carga "de generaciones para generaciones", utilizando sí, el test de asociaciones de palabras y de ampliación como un método para verificar el material clínico, más allá de los motivos culturales y religiosos (mitologemas de la humanidad), intentando entender los comportamientos característicos que tendrían aquellas formas, expresiones y manifestaciones que iban más allá del entendimiento de aquella época.

Como he citado,[73] Jung, con la teoría de los complejos y arquetipos, trae a la superficie una reflexión importante sobre los aspectos múltiples existentes en la psicogénesis de la psicosis esquizofrénica. La psique multifacética es comprendida y distinta de una homogeneidad, percibiéndose una composición de diversos aspectos y posibilidades.

Esta faceta lo ayudó en la comprensión psicodinámica del paciente, con sus diversas manifestaciones, en vista de la capacidad del yo, de integrar y asimilar o no esos contenidos, pero por sí mismo, en la posibilidad de transformación de la personalidad.

73. En el capítulo 3, Jung sobre la construcción del concepto de complejo; "los complejos autónomos", concepto de arquetipo y la multiplicidad de los fenómenos psíquicos existentes.

Él se interesó por las formas más "productivas" de la esquizofrenia, y en su publicación Símbolos de la Transformación[74], hizo un análisis mediante asociación y amplificación del preámbulo de un caso de esquizofrenia, postulando la idea de una psicogénesis de esa enfermedad psíquica (JUNG, 1986).

Finalmente, el efecto destructivo que la esquizofrenia produce en la vida del individuo no se puede reducir a la simple visión decadente y positivista de ella que se tenía hace un siglo.

Los avances, tanto en el estudio como en la pesquisa sobre la utilización de psicofármacos, además de las intervenciones terapéuticas y psicosociales, apoyados por los recursos de equipos terapéuticos multi/interdisciplinarios, y en la preocupación con la prevención como también con los estados prodrómicos[75] de la esquizofrenia, hace que hoy tengamos una mejor perspectiva con relación al tratamiento y evolución de esa enfermedad (NETO; ELKIS, 1999).

No obstante, todavía es difícil poder mirar a la esquizofrenia, considerando un único factor en el surgimiento y desarrollo de la enfermedad. Hay que considerar que aún con esos avances, sus múltiples elementos son los que ayudan a pensar que puede ser tratada y que su efecto devastador sobre las condiciones psicológicas, mentales y sociales puede ser diluido, tratado, cuidado y minimizado, teniendo en cuenta los varios aspectos del ser humano en su complejidad.

74. Obras Completas vol. 5 en inglés CW 5.

75. Para el ámbito de pesquisa (información) los programas ProEsq (UNIFESP) y ProjEsq (USP) realizan estudios e investigaciones sobre los estados prodrómicos de la esquizofrenia en el intento de identificar y anticipar el tratamiento en personas jóvenes, que tengan una tendencia para desarrollar un cuadro de esquizofrenia. Esos estudios son muy cuestionados, debido a la utilización de medicamentos aun antes de la manifestación psicopatológica de esa enfermedad.

# 5. JUNG EN PERSPECTIVA: CLÍNICA AMPLIADA

*Como en la ficción, la sincronicidad tiene un impacto significativo. Trae a la luz una forma diferente de mirar hacia nosotros mismos, una perspectiva ampliada de nuestras vidas o un entendimiento más profundo del otro mundo.*

(Robert H. Hopcke, 2001)

Fue un sueño que tuve con Jung, hablándome de su trayectoria y explicándome cómo realizaba su trabajo clínico, que me despertó para esta cuestión: clínica ampliada y *anima mundi*. Es interesante pensar que, cuando reví esta cuestión, intentando encontrar un camino para seguir, pensando cómo hacer, describir y contextualizar este trabajo, intentando entender y ser claro, lo que más me conmovió fue que, esa misma noche, tuve el sueño con Jung. Luego, intuitivamente lo asocié con la clínica ampliada y me sentí compelido a escribir sobre el tema.

Confieso que tomé coraje a través de esta disposición inconsciente sobre el tema, que ya no era un capítulo fomentado u organizado en los moldes de la función pensamiento, sino que ahora sí, era guiado por la intuición, así como en el sueño con Jung.

Pensando sobre su trayectoria, me di cuenta la gran importancia que Jung le daba a la cuestión de las manifestaciones inconscientes y prestaba atención a sus sueños, pues siempre fue un hombre adelantado para su tiempo, y desde pequeño fomentaba ideas y percepciones con relación a la vida (JUNG, 1975). Ya un joven adulto su proceso está marcado por diversos momentos notables, lo que presupone aproximaciones, profundizaciones, rupturas, reflexiones, construcciones, desconstrucciones y transformaciones (BAIR, 2006).

Fue así como llegó al Hospital de Burghölzli en 1900, y cuando conoció a Freud personalmente em 1907, permaneció conversando con él casi trece horas consecutivas. También fue así como dejó el cargo de presidente de la sociedad de psicoanálisis, pidió su retiro de la clínica y renunció a su puesto en la universidad de Basilea, siempre con mucho coraje e intensidad emocional. Fue en esa zabullida de introversión de la libido que inició su proceso de imaginación activa al mismo tiempo que comenzaba a producir *Liber Novus*[76].

Posteriormente viabilizó la construcción de su casa en el Lago, de la Torre de Bollingen, sus encuentros e interlocuciones, intercambios con el sinólogo Richard Wilhelm (1873-1930)[77],con el físico alemán Wolfgang Pauli (1900-1958)[78], entre otros estimuladores, provocadores e incubadores de su proceso de individuación.

Pero lo que llama la atención, es que él jamás descuidó lo nuevo o se quedó paralizado frente a las diversas situaciones que la vida y las perspectivas que los contenidos del inconsciente lo incitaban a encender. Eso fue marcante para su historia: consideró los aspectos inconscientes y, aún con cierto miedo, logró ir más allá de aquello que imaginaba o percibía.

Fue el gran estimulador de la utilización de técnicas expresivas en especial la pintura, el trabajo con arcilla, y otras, pues percibía la importancia de la manifestación inconsciente en esas actividades. Es interesante observar que las proponía inicialmen-

76. Libro Rojo/Libros Negros.

77. Sinólogo, Teólogo y misionero alemán que vivió 25 años en China y hablaba y escribía chino fluido.

78. Wolfgang Ernst Pauli, Austríaco, Físico, fue uno de los pioneros de la Física Cuántica.

te para sí, las vivenciaba, experimentaba y luego las sugería a algunos pacientes: "Mi contribución para el conocimiento del alma se basa en la experiencia práctica con el hombre" (JUNG, 1988).

Dentro de esa perspectiva proponía a los pacientes experiencias que pudieran rescatarlos de estados paralizantes, reinventaba intervenciones con la esperanza de provocar un movimiento de energía psíquica y observaba el material onírico de forma única, dándole forma, sentido y perspectiva; animaba y ayudaba a los pacientes a incorporar los contenidos inconscientes a la consciencia.

Fue inspirador para muchos profesionales, que se aproximaban a él, que lo buscaban para hacer análisis, y en esos encuentros terapéuticos acababan despertando para nuevos rumbos y posibilidades. Fue así con el fundador de Alcohólicos Anónimos[79] en los EEUU, también con Kalff (1904-1990)[80] con respecto a su método de trabajo. Y también con la Dra. Nise[81] con sus propuestas poco ortodoxas, especialmente sus innumerables estados de ser, en la aproximación la relación con el concepto de cuerpos sutiles de Mindell[82] y las técnicas corporales de Sándor (1916-1992)[83],

---

79. Rowland Hazard hizo análisis con Jung en 1930. A su regreso a los EEUU, bajo la influencia de esta imagen "*spiritus vs spiritus*" junto con Bill Wilson y Bob Smith fundó A. A. en 1935. En Brasil se llama Associação dos Alcoólatras Anônimos *[Asociación de los Alcohólicos Anónimos]* – grupos terapéuticos de autoayuda.

80. Dora Maria Kalff fue la fundadora del Método Sandplay, que utiliza el recurso expresivo de la caja de arena dentro del proceso psicoterapéutico. Actualmente existe la International Society for Sandplay Therapy (ISST) *[Sociedad Internacional de la Terapia Sandplay].*

81. La Dra. Nise da Silveira es la pionera de las ideas junguianas en Brasil (según pesquisa de Arnaldo Motta), hace de su enfermería dentro del complejo psiquiátrico, un lugar de tratamiento, utilizando recursos y técnicas expresivas.

82. Desarrolla el concepto de "cuerpo onírico y sutil" en 1970. Arnold Mindell como analista junguiano practicante, hace sus observaciones y conexiones entre los sueños y los síntomas corporales.

83. Pethö Sándor, médico húngaro que se radicó en Brasil en 1949. Desarrolló técnicas corporales utilizando el método junguiano; más tarde, en

utilizando el método de imaginación dirigida y activa dentro de su propuesta de trabajo con el cuerpo (MOTTA, 2010).

Me refiero precisamente a los momentos en que Jung, siguiendo su intuición, en el curso de algunas consultas, percibía la condición del paciente, y le proponía caminatas a la orilla del Lago de Zúrich[84], poniendo a su disposición una audiencia clínica pero, sobre todo, estando a su lado.

Vi allí, en ese paseo a la orilla del lago, tocando la arena o el agua dulce y tranquila, un clima de amistad y serenidad que calma al paciente gravemente afectado por aquella inquietud infernal.

Podemos decir que él proponía a los pacientes situaciones alternativas, una especie de función terapéutica para aquel momento específico. Y lo hacía posible porque él consideraba que el *témenos*[85] era la propia relación entre analista y analizado. Esta relación terapéutica y transferencial no se restringía a los límites del *setting* tradicional, del lenguaje verbal o de la propia interpretación.

Jung, siempre fue un gran inspirador para muchos médicos, terapeutas, estudiosos, intelectuales, artistas, mitólogos y otros profesionales relacionados. Con su fundamentación teórica basada en el simbolismo y expresándose por una escritura simbólica, hizo contribuciones significativas que crearon una visión diferenciada para la clínica. No es casual que sus ideas y propuestas terapéuticas fueron sembradas y cultivadas, y que futuramente contribuyeron a lo que hoy llamamos intervenciones psicosociales.

---

1974, su abordaje fue denominado Psicología Organísmica (Sandra Maria Greger Tavares, 1997).

84. El lugar donde Jung residía y trabajaba estaba a la orilla del Lago.

85. Vaso Alquímico; Vaso Terapéutico; relación terapéutica marcada por la relación yo-el otro; terapeuta-paciente; considerando todos los aspectos que implican tal relación.

## 5.1. CLÍNICA AMPLIADA

Es interesante notar que cuando hablamos de clínica ampliada nos estamos refiriendo a modelos que transcienden aspectos de la clínica tradicional, que no corresponden solo a los aspectos clínicos de la relación médico-paciente, sino que comprenden las diversas propuestas de actuación en red, poniendo así variaciones y un vasto campo de posibilidades y ramificaciones a disposición de los profesionales para el tratamiento de personas con cuadros psiquiátricos más graves (CHAUÍ-BERLINK, 2012).

Esa idea se actualizó con las propuestas de intervención multidisciplinar e interdisciplinar, principalmente en los tratamientos con pacientes graves, pues estos necesitaban una infraestructura de atención mucho más organizada y diversificada, que pudiera, en conjunto, abarcar las diversas demandas emocionales y medios de intervención.

En los últimos años, el área de la salud mental vivió la diseminación de la comunicación entre los diversos actores involucrados en la red de tratamiento. El intercambio de informaciones entre equipos responsables, profesionales invitados e instituciones, con los pacientes y familiares, respaldados o no por la ley[86], mejoraron la continencia del paciente en situaciones de crisis y poscrisis. Notablemente, hubo una mayor adhesión de los pacientes y familiares al tratamiento propuesto.

Dentro de esa idea de una clínica ampliada el tratamiento no queda restringido a un único profesional, además todos los miembros involucrados en el proceso de ayuda (familiares, amigos) participan y reciben orientación sobre la propuesta de una red de asistencia y comunicación, que procura el bienestar y la mejora del paciente.

86. Un ejemplo de esto es la ley n°10.216 de Abril de 2001, del Ministerio de la Salud. También conocida como Ley Paulo Delgado y que es importante para la reforma psiquiátrica y la constitución de nuevos modelos de asistencia y tratamiento en Salud Mental.

Por ejemplo: un paciente esquizofrénico que está internado y es dado de alta, recibe del equipo multiprofesional, la indicación de proseguir con el tratamiento (fase poscrisis) que puede ser: seguimiento con médico psiquiatra; inserción en grupos de apoyo y/o de terapia; inserción en actividades psicosociales para no aumentar el aislamiento social; acompañante terapéutico (at); terapeuta ocupacional (to); psicoterapia individual; referencia de retaguardia como un Hospital de día o Caps, en caso de que ocurra una crisis grave. Todo eso, de acuerdo con cada individuo, sus necesidades y demandas socioeconómicas (BATTARELLO; GRECO; FILHO; SILVA, 2008).

Esa red permanece en alerta para situaciones de mayor gravedad y también para dar apoyo a la familia: grupos de apoyo, orientación familiar, psicoterapia familiar y/o individual, entre otras propuestas terapéuticas que ellos puedan necesitar.

Aquí el contexto de la intervención está delineado, y corresponde a los profesionales y pacientes permanecer sintonizados y pensar juntos la dirección que el trabajo deberá seguir. Así se determinan los requisitos de la estructura de tratamiento, y a partir de ese momento se puede pensar y profundizar en las cuestiones dinámicas, afectivas y psicosociales del paciente, para que no haya brechas que perjudiquen el trabajo ( *acting out*[87] y otros), tanto con los familiares como con el paciente.

En esta clínica también se piensa en un diagnóstico ampliado que va más allá de la cuestión del paciente, y abarca la observación de su lugar en el mundo y en su familia.

A lo largo de la intervención terapéutica, uno de los desafíos a superar es la reinserción psicosocial. Aquí se hace importante

87. *Acting out* significa que el profesional ha actuado erróneamente, de forma no terapéutica o iatrogénica, colocando contenidos de su inconsciente en el trabajo con el paciente, sin filtro, sin elaboración, es decir perjudicando el tratamiento. Esto constituye una falla técnica actuando la contratransferencia sin el entendimiento clínico.

considerar al individuo en el mundo, su lugar, sus deseos, sus búsquedas y posibilidades reales y concretas.

La "locura" de un paciente esquizofrénico tiene forma, campo, lugar y significado en esa nueva "visión" y por eso es posible tratarla (A CASA, 1997).

El individuo se ve en su singularidad y en su búsqueda recibe un apoyo que pone en evidencia sus posibilidades, realiza tentativas de superar las dificultades, le da voz a lo que anteriormente se dejaba de lado sin tomar conocimiento. Eso puede, al mismo tiempo, angustiarlo y también hacerlo más consciente de la cuestión de la atemporalidad.

En este sentido, el pensamiento de la clínica ampliada se aproxima a la imagen del *anima mundi* a la cual el individuo pertenece, y consiste en considerar la locura del mundo, sus inquietudes y también sus posibilidades.

## 5.2. ANIMA MUNDI Y EL AT

> *Al considerar al desviado un "pobre infeliz", pierdo el tren del cambio (...). El individuo desviado, a través de su sufrimiento y su manera única de expresarlo, está suplicando ayuda, aunque de la forma* más *insólita posible. Si respondo a esta comunicación de una forma convencional, con fórmulas inflexibles, desconsiderando la originalidad del otro, desperdicio la chance de descubrirlo, de conocer su locura, mi locura, la locura social.*
>
> (Jaques Delgado, 1991)

A lo largo de este tiempo realizando la intervención psicosocial a través del AT, noté algunas inconsistencias a respecto de *qué es* y *quién hace* el acompañamiento terapéutico, que todavía continúan indefinidas. No creo que esto sea realmente un problema, pero sí una consecuencia de la complejidad de esta práctica, que no necesita, obligatoriamente, tener una definición a priori[88].

En este campo, considerando la cuestión de la clínica ampliada y la imagen del *anima mundi*, como el territorio mayor para la caminata del at al lado del que sufre, percibimos lo mucho que la vida se vive fuera de la experiencia real del paciente grave.

El concepto de *Anima mundi*, según Chevalier (1989) viene del latín, "alma del mundo", y del griego antiguo: ψυχήτοῦ παντός psyché o pantós; su origen cosmológico indica que el alma (psique) es el aspecto animado que rige la vida, donde el pensamiento divino (mágico) puede manifestarse en leyes que afectan la materia (vida). Esa hipótesis que da forma y movimiento a la vida nos impulsa a considerar el *anima mundi* como una metáfora para el campo de actuación del at en la relación del paciente y el mundo.

Jung (2003) propone una paradoja alquímica en esta cuestión del *anima mundi*:

> "Alma" (anima) representa un concepto superior a "espíritu" (...) Además, su cualidad esencial es la de vivenciar y de ser viva. Por eso es apreciable su representación como principio de vida. Mercurio es, a menudo, designado como "anima" (...).
>
> Rozando fuertemente el elemento material, tenemos la definición de Mercurio como la "fuerza vivificadora", semejante a un aglutinante que une el mundo (...)
>
> Esta definición está a un paso de la equiparación de Mercurio al "*Anima mundi*" (alma del mundo). (JUNG, 1995 vol. 13, §263)

88. Por más que el propósito de este trabajo también sea dar un lugar al AT y al at.

Es en el campo del alma del mundo que el at encuentra a la persona que sufre y juntos confrontan a la sociedad, a las exigencias, los ideales, la familia, el trabajo, la música y descubren las posibilidades imprevisibles del ser.

No es casual que la idea de *anima mundi* aparezca dentro de este campo de intervención y crea consciencia de la participación del at justamente en los confines de esa insignia llamada vida, más allá de las percepciones mentales e intrapsíquicas de algo exterior. Y es en ese sentido que Hillman (1993) resalta:

> El exterior provoca sufrimiento, pero él no es en sí sufrimiento (...) donde hay patología, hay psique, y donde hay psique, está Eros. (HILLMAN, 1993, p.27)

Quiere decir: donde está la enfermedad hay una posibilidad de cura, de transformación, y afirma que tanto la vida exterior, como la interior caminan juntas, pues cohabitan el mismo mundo y de por sí posibilitan la experiencia que llamamos vida (HILLMAN, 1993).

Por así decirlo, nada mejor que ilustrar esto con algunos trabajos realizados en la experiencia psicosocial como at. Esa posibilidad afectiva de ir y venir, que puede a partir de entonces, definir o simplemente identificar el lugar que ocupan el at y el paciente, situándose dentro de esa perspectiva del *anima mundi*, pues ellos están *en* y *para* el mundo, como el mundo también está para ellos.

La locura, y específicamente la esquizofrenia, habla y se coloca en la forma expatriada de la psique, como exclusión, pero, por otro lado, ella se incluye como actividad mundana, es algo de la rareza abominable de los "que se dicen normales", que se desnudan en una forma límpida de inclusión mayor por la vida que se ofrece como un campo fértil:

> Imaginemos el *anima mundi* no por encima del mundo que la rodea, como una emanación divina y remota del espíritu, un mundo de poderes, arquetipos y principios transcendentes a las cosas, ni dentro del mundo material (...) imaginemos al *anima mundi* como ese destello de alma especial, la imagen seminal que se presenta por medio de cada cosa en su forma visible. Entonces, el *anima mundi* apunta a las posibilidades animadas ofrecidas en cada evento (...) las cosas de la calle, hechas por el hombre. (HILLMAN, 1993, p.14)

Esa percepción de la relación al inserirse el individuo entre las cosas animadas hace del AT algo vivo, actuante, que precede movimiento, da contorno y desfavorece la exclusión que hacen la sociedad, la familia, y el propio paciente consigo mismo, cuando se piensa la cuestión del trastorno psiquiátrico.

Finalmente, podemos pensar que el *anima mundi*, el at (mercurio) y psicopompo son expresiones de la unión simbólica de la vida interna y externa del individuo.

Sin embargo, necesariamente antes de adentrarse en el trabajo propiamente dicho de un caso de AT, sería oportuno decir que existe una preocupación con relación al contrato terapéutico que se establece a lo largo del tratamiento con el paciente, con la familia y el proyecto terapéutico dentro del caso. Interesa explicarlo, porque a partir de esa experiencia psicosocial es posible traducir esta práctica para una forma de pensar y reflexionar, que no deja márgenes para equívocos clínicos.

## 5.3. AT Y ENCUADRE TERAPÉUTICO

A lo largo de estos casi veinte años, acompañé varios tipos de pacientes, la mayoría hombres, con trastornos psiquiátricos diversos, pero invariablemente con hipótesis diagnóstica de psicosis, más específicamente esquizofrenia (Hd Cid10 F20). Muchas veces este trabajo tenía lugar em situaciones de crisis aguda, o en proceso de deshospitalización, en la reinserción social, o simplemente en el intento de ampliar las perspectivas de la vida del paciente.

Es importante establecer un contrato terapéutico bien definido inicialmente, que facilite el buen desarrollo del trabajo y prevenga distorsiones, divergencias o confusiones que puedan entorpecer la marcha de esa primera etapa.

En esa trayectoria se presupone: la persona que el at atenderá, la indicación, la familia (quién se hará cargo de los gastos pertinentes) y el proyecto terapéutico inicial, como también su evaluación a posteriori.

Para eso, se hace una evaluación inicial con entrevistas con los participantes del tratamiento, manteniendo el contacto y la interlocución con los profesionales involucrados, con el propósito de "afinar las estrategias" de trabajo.

Esto quiere decir que el elenco será formado por: la familia, el paciente, el médico psiquiatra o miembros del equipo multidisciplinario, el terapeuta/psicoterapeuta/psicoanalista y el acompañante terapéutico (at). Esa fotografía inicial constituye el substrato del proyecto terapéutico. A partir de allí, comienza el trabajo propiamente dicho, donde el at debe echar mano de todo su repertorio para fortalecer el vínculo y proceder a las intervenciones.

En la técnica junguiana se habla de la existencia del "*témenos*"[89], de un espacio sagrado, de enorme importancia. Dice Jung:

---

89. *Témenos* Alquímico y/o Vaso Alquímico significa el lugar donde ocurre la mezcla de ingredientes, por tanto, la transformación. En el caso del AT es en la relación terapéutica ,vivida por el at y el paciente en el *anima mundi,* que hay posibilidades para ese acontecer psíquico. Aquí el vínculo terapéutico es algo extremamente importante dado en la relación.

> (...) crear un *témenos* protegido, un espacio tabu, en el cual podrá vivenciar el inconsciente. Así, su aislamiento antes tan inquietante, es asumido y adquiere un sentido y objetivo. (JUNG, 1991 vol. 12, §63)

El *témenos* en el AT, no depende de un lugar físico definido, pues a menudo sucede en movimiento en un territorio externo, siendo el *setting*, la relación *in loco*, lejos del consultorio o de la institución. Aquí también se concentra la percepción del *anima mundi*, de la vivencia mayor de la vida psíquica liberada.

El vínculo terapéutico es la gran y única garantía de que el *témenos* está ocurriendo y que posibilitará que algo realmente se transforme en la vida de la persona, pulsando y vibrando Eros en esa *anima mundi*.

Es importante definir el número de horas iniciales y los días de trabajo, considerando que habrá salidas, caminatas e inserciones en lugares, en el día a día de esa vivencia en el *anima mundi*. Las salidas son la parte activa y significativa del proceso terapéutico en el AT, por ese estar "animado" con relación al mundo.

Es importante compartir aquí las formas de pensar la práctica del AT y su reflejo para los otros profesionales involucrados, pues, aún hoy muchos colegas desconocen sus parámetros y la consideran indiscriminada. Hay que destacar, que tanto el contrato terapéutico, como el encuadre deben ser bien claros, pues es fundamental delimitar el papel de cada uno en este proceso, para facilitar la comprensión de la intervención/acción terapéutica del at.

El contacto con el paciente siempre se define fijando el día, la cantidad de horas del AT (lo usual es como mínimo tres horas); si se hará una, dos o hasta tres veces por semana; período (nocturno o vespertino), motivo/motivaciones; costos (dinero para usar en el AT) y aciertos futuros; posibilidades de inserción en el AT; orientaciones/alcances ante los familiares y responsables. Todo esto forma parte del encuadre y del contrato terapéutico dentro de un proyecto psicosocial de AT.

Así, ya es posible comenzar a relatar algunos casos de AT considerados importantes para explicar esta vivencia, pero escogí uno en especial. Se trata de una experiencia extremamente notable y significativa para mí, pues habla de un encuentro analítico donde ocurren transformaciones en la experiencia afectiva a lo largo del proceso de vida de cada uno de los que estamos envueltos en él. Sobre eso, Jung dice:

> El encuentro de dos personalidades es semejante a la mezcla de dos substancias químicas diferentes: si hubiera alguna combinación, ambas se transforman. (JUNG, 1988 vol. 16, §163)

Contaré esta historia en el intento de ilustrar mi trabajo y poder reflexionar sobre esta clínica ampliada del AT y el *anima mundi*. Explico que ese fue mi segundo paciente de AT, pero que por designio de la vida estuvo presente durante un largo tiempo (16 años) y, considero que ha sido una experiencia muy peculiar en mi vida y que me marcó profundamente. Se puede pensar en el trabajo de AT, en este caso, de manera bastante singular, y hay que destacar: el momento de vida, el grado de la enfermedad, la situación psicosocial y familiar, y el papel que será propuesto terapéuticamente por el at.

# 6. MONSIEUR SOLEIL

*Le Soleil, mais le Soleil, c´est le Soleil (...)*
*La lune m´a déplu, le Soleil, m´a plu (...)*
*[El Sol, pero el Sol es el Sol (...) La luna no me gustaba, el Sol me gustaba (...)]*

(Monsieur Soleil, 1998)

Soleil, como lo llamaré, era una persona ya muy madura, tenía 63 años cuando inicié el trabajo de AT. Tenía un historial psiquiátrico muy largo que comenzaba con diagnóstico de esquizofrenia, alrededor de sus 18 años, cuando formaba parte de la lucha armada sionista-marxista en los Kibutz en Israel. Cuando comenzamos el trabajo de AT, ya hacía más de 25 años que vivía en una clínica psiquiátrica. Era nativo del Líbano, y había vivido en Israel y en Suiza (donde estudió e hizo tratamiento con choque insulínico). Vivió también en Francia hasta establecerse definitivamente en Brasil en la década del 70.

En Brasil, estuvo inicialmente con su familia, pero después de la muerte de su padre, su madre lo internó en una institución psiquiátrica en el barrio Mandaquí. En un cierto momento, su hermano Dino[90] asume la responsabilidad por su tratamiento y lo transfiere a la Clínica Vivenda[91]. A lo largo de su vida pasó por varias clínicas y hospitales psiquiátricos, estableciéndose finalmente en una residencia psiquiátrica[92] hasta el día de su muerte.

---

90. Los nombres citados aquí son inventados, con la intención de proteger a las personas involucradas en el caso.

91. Primera Clínica de tratamiento en São Paulo que utilizó la metodología junguiana, y que fue cerrada en el final de los 90.

92. Residencia Terapéutica Mental Sênior *[Residencia Terapéutica Mental Sénior]* – Vila Mariana – São Paulo.

Soleil era judío, hijo del medio de una familia de tres hermanos (Beto cinco años mayor que él, y Dino nueve años menor). Su familia era de clase alta, llegaron a ser dueños de un banco en el Líbano. Estudió piano y participaba de la vida social y familiar hasta los 17 años, cuando, por su postura política radical, se fue a Israel, asumiendo la causa marxista-sionista. A partir de ese momento, comenzó a convivir con la lucha armada y a vivir en los Kibutz al sur del Líbano.

Pasa aproximadamente dos años en Israel, viviendo en medio de diversas situaciones de conflicto y disputas, principalmente con algunos líderes del Kibutz. Es aquí donde surgen sus primeros síntomas de persecución. Ese período está también señalado por el encuentro con una joven libanesa, Sarah, se enamora de ella y tienen una hija, Esther. Se casan (Sarah es su gran pasión, su amor y el centro de su construcción delirante). A causa de los conflictos con líderes del Kibutz, Soleil sale de Israel y vuelve a vivir en el Líbano, pero eso provoca tensión en la familia que, debido a la guerra, es perseguida y todos acaban mudándose para Europa.

Entre los 19 y 20 años, Soleil se marcha a Ginebra (Suiza), donde hace el curso de ciencias, y permanece más o menos cuatro años. En esa época los síntomas de persecución y comportamiento paranoide se intensifican y él acaba siendo internado en una clínica en la propia Suiza. Es sometido a tratamientos modernos de aquella época: choque insulínico y ECT[93], todo en la tentativa de revertir su cuadro.

Debido a la gravedad de las crisis, la madre aparta a la hija y esposa de su convivencia. Cuando Soleil sale del hospital, él no sabe más dónde ellas están (situación que se tornará tema de sus delirios y alucinaciones).

Soleil, cuando era un adolescente y todavía vivía en el Líbano,

93. ECT - Electron Convulsion Therapy [Terapia electroconvulsiva o por electrochoque].

pierde a su hermano mayor en un accidente de automóvil. Esto tuvo un impacto emocional muy fuerte para todos, creando muchas expectativas para los otros dos hijos, y hasta porque ese hermano trabajaba en los negocios de la familia. Los años pasan, y Soleil deseoso de romper con los prejuicios burgueses se marcha al norte de Israel (como ya se ha dicho), eso fomenta una nueva crisis familiar.

En Europa, sin su esposa e hija, Soleil siente una terrible sensación de abandono, ya que su madre impide que ellas tengan contacto con el hijo enfermo. Su familia viene a Brasil para establecerse y comenzar una nueva vida, pero trae las heridas de las pérdidas financieras y afectivas. Eso será una constante marca en la vida de esa familia después de fijarse en Brasil.

En São Paulo, Soleil da continuidad al tratamiento, pero a causa de los síntomas persecutorios y las ideas delirantes, muestra cierta resistencia y agitación psicomotora. En su delirio él habría sido envenenado y, por eso, se niega a tomar medicación psiquiátrica. Su familia fue sufriendo el desgaste que esa enfermedad crónica impone y poco a poco dejaron de creer en la eficacia del tratamiento.

El padre muere luego de caer de una escalera. Su madre lo responsabiliza por el accidente. Esa muerte trae dolores intensos a la familia, además de tocar profundamente en cuestiones de la tradición judaica debido a su cuadro psiquiátrico. Así, Soleil es definitivamente internado como paciente residente en una institución psiquiátrica.

Paralelamente, su exmujer se establece en São Paulo, se casa nuevamente, y tiene otros tres hijos. Su hija también se casa y se muda con el marido a los EEUU. La exmujer y la hija se mantienen alejadas del contacto con la familia, especialmente de Soleil.

Esa situación emocional permanece en el imaginario de Soleil, y se tornará contenido de su condición alucinatoria y delirante para el resto de su vida, perturbando su psique y creando situaciones de tensión emocional, fragmentando, robando, invadiendo y agrediendo su psiquismo de tal manera que las capas más profundas del inconsciente dominaron la condición de ese pequeño centro disforme de la consciencia.

Por fin, este es el hombre adulto que será tocado terapéuticamente por la mirada y el afecto de otro hombre, el at, en el intento de rescatar vínculos, establecer conexiones con esa *anima mundi*, estimulando Eros, a través de un afecto continuo y presente. Pues la psicosis está afectada por la fragmentación del sentimiento, la discontinuidad del vínculo y la falta de presencia. De esta forma, el puente que el AT tiende a crear es la mejor forma de situarnos y, no fue por casualidad que, a partir de esa imagen que considero importante, la del psicopompo, propuse la perspectiva de luchar con el congelamiento de la psicosis.

Así, ya institucionalizado, y bajo la responsabilidad de su hermano Dino, Soleil se transforma en habitante-paciente de la psiquiatría. A causa de las pérdidas a lo largo del camino de la enfermedad, su condición empeora y se manifiesta con embotamiento afectivo, diminución en el contacto y la convivencia social. Su aislamiento se intensifica también por estar institucionalizado y principalmente por el abandono y el descrédito familiar causado por el pronóstico desfavorable.

Entré en su vida a mediados de 1996 cuando ya hacía 15 años que vivía en una clínica psiquiátrica[94], donde había sido uno de los primeros pacientes internados. Allí, aún antes de comenzar el trabajo de AT, tuvimos contactos esporádicos por los corredores y en el patio de la institución. Me marcó una mirada de curiosidad e inconformismo. Por otro lado, un sentimiento de afectividad "fría" no impidió la aproximación, aunque inconsciente en la

94. La Clínica Travessia fue cerrada a mediados del 2005.

relación entre nosotros.

Lo trataba cotidianamente en la clínica, sin infantilizarlo, a diferencia de otros colegas, considerando su edad cronológica[95]. Otro dato: Soleil tenía un cierto semblante de superioridad, con una postura erecta e imponente, no se sabe el porqué, pero eso siempre aparecía en la relación con los otros pacientes y terapeutas. Tal vez por sus delirios de grandeza, por ejemplo, ser Stalin, Napoleón o Mozart, o por el hecho de ser el habitante más antiguo y anciano que vivía allí, o por saber seis idiomas. Pero en verdad se podría creer que su dinamismo delirante estaría compensando la sensación de inferioridad inconsciente e insoportable de vivir allí. La escena forjaba una cierta "disponibilidad" para aproximarse a ese hombre trastornado.

Así fue como se estableció un contacto inicial, que futuramente se tornaría un contrato terapéutico firmado entre la clínica y Soleil. Algo que ocurriría sin mucha expectativa, pues el pedido del hermano era de "ser un *cuida-dor*"[96*] de Soleil; en ese sentido yo era el profesional responsable. De la clínica, venía el pedido de que yo fuera "el terapeuta de referencia"; de la supervisora y del equipo, de que asumiera una "atención afectuosa, favoreciendo la calidad de vida de Soleil"; por último, el del propio at tenía una mirada más humana, era la posibilidad de "relacionarse terapéuticamente, conociendo su mundo psíquico, creando puentes para la vida" fuera de la institución y por medio de las salidas. Aquí la idea de *anima mundi*, Eros y psicopompo se encuentran como si fueran una única posibilidad; una cosa: crear vida, establecer perspectiva, singularidad y autenticidad en este movimiento entre lo interior y lo exterior concreto, y también lo psíquico.

La postura que futuramente sería adoptada estaba marcada

95. En la época, Soleil era considerado el paciente más sénior de la institución y con más tiempo de internación.

96.* NT: juego con la palabra cuidador pues en portugués, "dor" significa dolor.

por la relación de frecuencia semanal, vínculo e estabilidad en el contacto. Eso demarcaba el tiempo y el campo del AT, incluyendo así salidas a pie y en automóvil; la organización de su espacio propio dentro de la clínica concreta y psíquicamente, pues la perspectiva del trabajo con la psicosis se da de esa forma.

De joven Soleil había sido una persona vanidosa, le gustaba cuidarse. Esos recuerdos, con el pasar de los años se fueron perdiendo, debido a las varias internaciones y cambios. Las tantas internaciones psiquiátricas le fueron quitando su dignidad humana. Eso hizo que, en el AT, él ocupara un lugar destacado en la relación, intentando despertar y dar voz a los pedidos más inusitados. En la mitad de los años 2000, Soleil fue transferido a una nueva institución, mantenida por una entidad llamada Unibes[97] para pacientes psiquiátricos ancianos y crónicos. Cada paciente tenía su habitación, y allí Soleil podría tener su espacio, algo que no ocurría desde que comenzó el proceso de institucionalización. Esa residencia terapéutica daba toda la estructura necesaria para que un paciente internado con cuadro psiquiátrico de larga duración fuera atendido y, principalmente, intentaba dar estabilidad a la situación de convivencia entre los pacientes que allí vivían.

Era un lugar donde se servían tres comidas diarias, había atención médica y de enfermería , pero no existía un programa de tratamiento o de retaguardia terapéutica que propusiera la desalienación.

Por eso, el trabajo de AT se hizo fundamental y, particularmente, su único vínculo de tratamiento, pues el paciente no tenía más psicoterapia o cualquier otra actividad que no estuviera vinculada al cuidado de la salud física.

La propuesta del AT era cumplir una intervención terapéu-

97. Entidad Asistencial de la Colonia Judaica en Brasil que presta asistencia a las familias más necesitadas dentro de la propia colonia. Esa entidad paga el tratamiento y vivienda de ocho pacientes psiquiátricos con diagnóstico de esquizofrenia residentes en esta institución.

tica bastante intimista: un proyecto terapéutico[98] de 10 horas semanales, tres veces por semana, yendo a su casa, entrando y saliendo con la perspectiva de mantener una rutina de vida para el paciente, intentando aproximarlo de sus referencias y cuidados personales, culturales y en la tentativa de hacerlo moverse por el *anima mundi* a través de un vínculo terapéutico establecido en el encuentro del AT.

En esta relación terapéutica cotidiana están inseridos el contacto personal, visual, su historia, la relación con él y su cultura, su lenguaje. A propósito, tenía conocimiento de seis idiomas: portugués, francés, hebraico, inglés, alemán y árabe y al mismo tiempo no quería comunicarse a través de ninguno, usaba neologismos, señas y verbalizaba poco. Estaba en un estado delirante permanente, aun usando la medicación diaria y mensual.

Estar en su casa (institución) presuponía una realidad diaria, recordando su historia y su origen libanés-judaico, su cuidado personal, su alimentación, pero especialmente la recuperación de la posibilidad de salidas a restaurantes de comida libanesa y casas de té árabes. Todo eso formaba parte de ese vínculo. Aspectos de su condición de salud y prevención, ida a espacios públicos, parques, salidas a caminar también eran incentivados.

Se preocupaba con su cuestión con la música, pues Soleil ya había tocado el piano en algún momento de su vida y esta era una forma de estar más próximo de sí.

El proyecto principal era mantener la calidad de vida, cuidar de la dignidad de alguien que había tenido muchas pérdidas a lo largo de la vida y que se había quedado solo con su locura.

Por otro lado, sus delirios, alucinaciones visuales y cinestési-

98. Proyecto terapéutico – planificación realizada por el equipo multidisciplinario o con otros profesionales responsables, con la familia y el paciente, para tratamiento/acompañamiento del paciente específico con intervenciones y propuestas terapéuticas en vista de la evolución y el pronóstico del caso.

cas todavía proporcionaban algún vigor a su producción psíquica, en especial la idea "Je Suis Soleil" *[Yo soy Sol]*. Soleil llegó a tener deshidratación, porque pasaba horas absorto en la imagen del sol, mirando y tomando sol en el patio de la institución, lo que lo llevó a enfermarse algunas veces. Pero lo peor fue la aparición de un cáncer de piel que fue tratado durante dos años antes de su muerte.

El at compuso con el médico oncólogo y su psiquiatra una forma de trabajar en conjunto, pues sería necesaria una intervención quirúrgica en la lesión y posterior radioterapia que sería un tratamiento frecuente y continuo. Soleil se sometió a cirugía y radioterapia en la región donde estaban las células cancerosas, coincidentemente, en la cabeza. En un año y medio mejoró.

Ese contacto con Soleil se estableció en la percepción de contenidos del componente delirante, "estructurados" e instaurados hacía muchos años en su vida psíquica. Siendo así, en nuestra rutina diaria, por ejemplo, al llegar a su casa, lo saludaba en francés y, según su estado, y percibiendo la composición y producción delirante, le proponía salir a caminar por el barrio (su entorno) o en automóvil (que significaba ir a algún lugar más distante), o a alguna región donde solía "buscar" a Sarah (su exmujer).

El contacto era amistoso y al mismo tiempo se manifestaba con la mano o con la cabeza. pocas palabras se pronunciaban, verbalizaba monosilábicamente y con firmeza, respondía a alguna pregunta mía: "Sí; No quiero (...). ¡Gracias!" con el paso de los años fui decodificando algunas palabras e imágenes, afectivamente percibiendo los intereses y "preocupaciones", aunque delirantes, pues Soleil, aun pudiendo expresarse en seis idiomas, poco hablaba con las personas o se expresaba para ser entendido, sirviéndose más de manierismos y estereotipos.

Cuando verbalizaba, Soleil usaba habitualmente francés y también portugués, pero a lo largo de los años comencé a percibir el patrón con que utilizaba el lenguaje: cuando estaba incomodo o sin disposición para el contacto, usaba el alemán o el árabe; en la contrapartida delirante y verbalizando alto y monosilábicamente utilizaba el francés; cuando estaba realmente enojado, irritado o sentía rabia, muchas veces, extremamente productivo (delirante) se manifestaba en hebraico en forma más áspera, no dejaba que nadie le preguntara o intentara conversar con él, daba la impresión de que no pretendía que "nadie lo entendiera". En el AT, en el contacto cotidiano con el paciente, uno se zambulle en su vida del día a día, materializándose en el caso de la propia esquizofrenia hasta como un componente vivo del delirio, teniendo autonomía (como un complejo de fondo afectivo), interactuando con elementos mágicos y también cotidianos.

Inserido en su vida, por los casi 15 años de AT, lo que más me llamaba la atención era la oscilación de su "ciclo" emocional, variable que expresaba componentes de agitación psicomotriz y mental, contraponiéndose con una cierta dificultad de volición y embotamiento afectivo. Cuando Soleil estaba más agitado, su producción delirante se intensificaba, con delirios de grandeza pues pretendía ser Einstein, Stalin, Mozart. Esa fragmentación y autonomía de los complejos, en esos momentos, hacía difícil el contacto, y era imposible romper la barrera de la construcción delirante, aunque el at intentara entrar en su delirio o fuera parte de él. Por otro lado, cuando estaba en un cierto grado de embotamiento afectivo, las ideas negativas y punitivas aparecían y él poco salía de la cama o de su habitación. El at se tornaba una persona presente, allí, componiendo la escena y poniéndose a disposición para posibilitar algo nuevo, a menudo en aparente silencio, pero presente física y psíquicamente.

Es importante mencionar, que, en la condición psicótica, el papel del at se materializa en la presencia, en el registro de la constancia, que fortalece el vínculo y refuerza el encuentro como algo singular y permanente.

Por otro lado, uno de los delirios que se mantenían estructurados dentro de su lógica era el delirio de grandeza, metaforizado por la frase en que decía: "Je Suis Soleil", "Yo soy Sol". Él, sentado en el patio acristalado y recibiendo los rayos solares. Estaba allí la conexión directa con la imagen arquetípica, del Dios Sol, como algo incorporado, hecho por la amplitud y la grandeza y que, al mismo tiempo, se afirmaba en la pequeñez de su ser. Como ya fue mencionado en el capítulo anterior sobre la esquizofrenia, en la cuestión de la autorreferencia (propia de la paranoia) el centro es la grandeza, la gigantesca fuente de fuerza energética psíquica, que viene del inconsciente a la consciencia, sin filtro, siendo suplantada y digerida por los complejos autónomos que consumen su funcionamiento y dinamismo, tal es la fuerza que mueve esa energía.

Aquí el papel del at es entrar en esa perspectiva y considerar nuevos elementos que puedan o no debilitar y liberar energía para otras situaciones importantes y necesarias para el paciente. Por ejemplo, la cuestión de "alimentarse", un factor vital y que también era considerado un componente de vigor para Soleil, que oscilaba mucho porque se negaba a comer, algunas veces, y también a beber agua.

No sé si por capricho o cualquier otro motivo, la relación se fortaleció también por dos símbolos importantes que surgieron. Uno era tomar café, que se fue dando a lo largo del tiempo en el AT, y el otro las salidas para comprar jabones. En especial, el café, no sé con seguridad por qué motivo, la relación con "Soleil" se construyó por el capricho de una salida para tomar "un cafecito negro". El contexto del café en el AT creó una situación nueva desde el comienzo, donde el clima, la situación emocional y el estar fuera de la institución quedaban en segundo plano.

Estar con él tomando un café, sentado a la mesa, se convirtió en algo de la convivencia, el hábito, como un momento placentero más allá del clima institucional que él vivía. Para mí, aquella situación por si sola ya era terapéutica, pues lo transportaba a varias posibilidades: conocer el entorno, realizar un pedido, caminar, observar, entrar en contacto con gente, pedir y saborear.

En nuestros primeros encuentros hacia la mitad de 1996, las salidas comenzaban con una caminata por la calle Pamplona, esquina con la Estados Unidos, explorando los diversos universos de casas de café y confiterías. En una de esas salidas, llegamos al auge de nuestra relación al subir la Pamplona hasta la Avda. Paulista. Allí entramos en un local nuevo y Soleil pidió un café con dos cucharadas de azúcar. La dimensión del "dulce" introduciéndose en la nueva caminata fue importantísimo para nuestro encuentro. Después de eso, comenzamos, junto con el café, a pedir dulces y *petitfours*.

Soleil percibe el AT como una fuente de posibilidades para la vida, para la posible referencia a lo animado, a lo vivo, a los placeres. Para sentirse seguro al colocarse en el mundo, a menudo reiteraba su pedido relacionado con el acto de alimentarse.

Todo eso hizo posible que saliera de su aislamiento, que creara una serie de preocupaciones con su vestimenta, su aseo personal, sin forzarse, pero introduciéndose en ese mundo de las cosas agradables. Las salidas para comprar ropas nuevas, dejando las ropas de la institución para donación, también comenzaron a ser motivadas por el trabajo del AT. Fuimos coleccionando lugares que lo transportaban a su historia libanesa donde ahora podíamos ir a almorzar.

Varios lugares se transformaron en referencias y formaban parte de sus pedidos: Cedro do Líbano, Halin (en el barrio Paraíso – en este lugar el dueño (papá) se hizo nuestro "amigo" y llegaba a poner vídeos de música y danza árabe), el Maxiflor (en Moema) y el Almanara (de la Praça da República) donde íbamos con su hermano cuando venía a visitarlo. Todos estos restaurantes que, de alguna manera, transportaban a Soleil a su conexión con este mundo, a su pasado, de esta vez en un nuevo formato, lo impulsaban a hacer sus pedidos en portugués.

Soleil era un hombre vanidoso, entonces escogíamos la forma de salir. Muchas veces era en automóvil, especialmente cuando íbamos a esos restaurantes o a alguna *bombonière*. Pero, muchas veces, íbamos caminando por los alrededores de su casa, pues así trabajábamos su memoria y el registro del cuadrante donde vivía. Hacía años que Soleil no salía solo, lo hacía únicamente acompañado y eso era una preocupación para todos, inclusive para mí (principalmente cuando estaba delirante, o con un brote). Cierta vez Soleil llegó a salir de la institución y a caminar por el barrio, casi causando un escándalo en la institución. Lo encontró un empleado de la casa que venía al trabajo, y lo trajo de vuelta.

Por eso, inicié un trabajo en el AT para retomar su documentación y así darle una copia de su documento de identidad. También establecimos una manera de usar el dinero que recibía de su jubilación por invalidez para sus gastos especiales, teniendo siempre a mano un dinero que pudiéramos utilizar durante las salidas, para cubrir los gastos.

En el contrato inicial del AT con un familiar responsable es fundamental que se deje claro que los gastos originados durante las salidas son por cuenta del paciente: comidas, combustible, agua, café etc. Todo estaba a cargo del familiar y era organizado en una planilla mensual, pero a partir de ese momento, la jubilación que Soleil tenía y que quedaba a disposición de la institución, volvería a sus manos.

Así su vida comenzó a adquirir un nuevo sentido de pertenencia, cumpliendo con quehaceres de la vida cotidiana. Soleil dictaba el ritmo de la caminata por el entorno de su casa, sus condiciones y necesidades, pero, al mismo tiempo tenía que enfrentarse a todo el constructo de su mundo psicótico.

Las citas de AT se marcaban para ir a tomar un café, el "café puro sin azúcar" fuera de su casa; si era cerca o lejos se decidía por la condición emocional en que el paciente estaba. En esas salidas para "ir hasta la panadería" un lugar cercano al que íbamos a pie, presuponía comprar cinco jabones. Inicialmente eran tres que componían el constructo delirante que había marcado su vida: "Yo, Mi Mujer y Mi Hija", verbalizado en portugués y con una sonoridad bien alta. Y con el tiempo se incluyeron dos más, ahora eran cinco jabones.

Esa lectura del tres para el cinco me hizo reflexionar sobre la inclusión de otras facetas de su vida, también del mayor número de visitas que su hermano hacía a su casa y de mi participación en su vida cotidiana, inclusive los fines de semana. Esto comprendía paseos al aire libre, parques, exposiciones, cinema extranjero en francés y hebraico, considerando que la cultura judaica era algo importante para él.

A lo largo de esos años, Soleil se mantuvo sin brotes desestructuradores, viviendo dentro de un espectro delirante, conviviendo con sus alucinaciones y condición socioeconómica. No ocurrió ninguna locura para suplantar su falta, o intentar eliminar los componentes psicóticos existentes y estructurales, y solo a través del AT se creó una condición favorable y digna de convivir con su singularidad. Del punto de vista de la normalidad, los jabones son elementos "extraños", pero para Soleil el perfume, las diferentes fragancias, la limpieza, el toque, la sensación de posesión, el contacto y el recuerdo, eran elementos que podíamos aprovechar.

Creo que su condición de estabilidad emocional (dentro del cuadro psicótico) fue el fruto de las diversas posibilidades que mejoraron su calidad de vida. La función de "psicopompo", metáfora propia para el trabajo del at en el AT, es verdadera, pues posibilitó una nueva transición y nuevas posibilidades para Soleil. Transferencialmente, ya que muchos dicen que "en la psicosis no existe transferencia", pienso que la clínica se torna soberana al afirmar que sí existe. Soleil dice así "Oui Denni onde está minha mulher?" *[Sí Denis, ¿dónde está mi mujer?],* como si allí, el lugar donde estoy, fuera el del saber supremo de las situaciones existentes. Luego de algunos minutos en silencio, le digo "no lo sé", y le pregunto qué es lo que él sabe, o si quiere buscarla, entonces él se calma y se queda callado. Como el jabón que está guardado en el cajón de su cómoda, junto a las ropas, como una forma de garantía, yo también estoy allí, proponiendo y recibiendo emociones y afectos presentes.

Esa lectura inicial del contacto y la posibilidad de rever la cuestión de la institucionalización del paciente, su abandono y también su soledad me conmueven y también me hacen "percibir la contratransferencia" afectiva en el AT, el sentimiento que se presenta en ese encuentro y que es preciso "leer", para poder "utilizarlo terapéuticamente" dentro de la relación. El encuentro entre paciente y acompañante terapéutico (at) [99], aquí representado metafóricamente por la imagen arquetípica del psicopompo, tan enorme es su implicación e importancia. Enfrentar eso terapéuticamente sin *acting out,* es fundamental, pues esa percepción de que uno no puede ocupar el lugar de la familia, ni del asistente social es un gran alivio, hace la situación transparente, pero tomando conocimiento de esa dinámica y sabiendo colocarse en el propio lugar de manera que se constituya un espacio afectivo perceptible.

Recordando esos momentos del proceso del AT y, más específicamente, la historia de los jabones, se nota la ocupación del es-

---

99. Insisto en lo mucho que es importante que el profesional que se dice acompañante terapéutico juegue ese papel y sepa diferenciar el campo de intervención y técnica que llamamos Acompañamiento Terapéutico (AT). Lo que se hace en este campo es también lo que se hace en la relación que se establece en el encuentro del paciente con el at. El proceso transferencial está en la luz de ese encuentro terapéutico y también en el campo del *anima mundi.*

pacio concreto y afectivo, del recurso y de la acumulación que se produce, proporcionando significados mucho mayores de lo que imaginábamos. La vida en ese mundo psicótico es la percepción del mundo de las imágenes, de los aspectos sutiles al movimiento de la vida cotidiana.

Así, los jabones acumulados, guardados en la mesa de luz, en el armario, junto con fotos y objetos personales todavía guardados en el cajón, recordándolos, usándolos todos los días y preocupándose de que no acabe su aroma, que haya cantidad suficiente, comenzaba a darle sentido a su vida, lo acercaba a una realidad que se desprendió de la coherencia, pero con cierto significado, pues dentro de una vida tan fragmentada, perdida, abandonada por el amor y la compasión, hay alguien que le da voz a esta "locura posible", se preocupa con el individuo en su singularidad, lo mira con amor y afecto, incluye su naturaleza psicótica en la propia vida, porque se tiene la vida con locura y también con sufrimiento.

Lo que en AT llamamos relación terapéutica, se hace incluyendo la diferencia, dándole significado a lo que nos parece imperceptible, irreal e irracional. Esto me hace pensar en el discernimiento que Nise[100] tuvo cuando se negó a seguir el protocolo clínico de la época y comenzó su trabajo en el área de Terapia Ocupacional con las técnicas expresivas, valorizando su peculiaridad.

Recuerdo la sensación, cuando iniciamos el contacto para el trabajo de AT, todavía en los corredores de la institución psiquiátrica, y cómo después la relación se hizo viva y duradera. Así comenzó el contacto humano, una relación marcada por la experiencia de salir, de estar en movimiento, pero también "parado". Sí, era una relación, por la experiencia de vivir y de sentir, de contacto con otras personas y de sentir la "emoción

100. Nise tenía una sensibilidad impar y se ponía al servicio del alma, contrariando los protocolos endurecidos de la época. Eso le dio el rótulo de "psiquiatra rebelde".

de enfrentar"[101] que haría toda la diferencia afectiva de una historia repleta de sentimiento en la que, aún con un cuadro de esquizofrenia, pude ver a Soleil llorar "emocionado" con la novela de las ocho, en un momento en que los actores se besaban.

Algo ocurrió al caminar hacia el café a mediados de 1996, sus diversas idiosincrasias a lo largo de la historia y de la relación terapéutica en el AT, pero que tuvo un desenlace sombrío en setiembre de 2010 cuando falleció.

Recuerdo que nuestro último AT fue inquietante, fue en la víspera del feriado del siete de setiembre de 2010, el día anterior a su muerte. Recuerdo que había ido a su casa, pues era una día enmendado con un feriado nacional y pretendía verlo, saber cómo estaba y según su disposición, invitarlo para que almorzáramos juntos. Como de costumbre, antes de salir, telefoneaba y hablaba con él, así conversábamos y yo observaba el tono de su voz, el idioma que utilizaba y también su receptividad. Aquel día Soleil respondió en francés, monosilábicamente, y me di cuenta de que no saldríamos de su casa inicialmente. Pero aun así por teléfono y en portugués verbalizaba que iría a visitarlo y, si él cambiase de idea, podríamos al menos salir a tomar un café. Al llegar a su casa, él estaba muy quieto, sentado en su cama, productivo[102], pero aceptó ir a tomar un café. Inicialmente dijo que "no", pero después cuando le pregunté nuevamente, me acompañó hasta la puerta y me dijo "panadería", entonces entendí que preferiría ir a la panadería y fuimos en automóvil, pues sentí que él no quería demorarse en volver. Salimos y fuimos callados hasta el lugar. En la panadería, Soleil pidió al dependiente "un café puro con una cucharada de azúcar", también pedí un café, lo tomamos y volvi-

101. Expresión utilizada por Nise da Silveira en el trabajo con los pacientes psicóticos.

102. Estado delirante con alucinaciones auditivas, en las que suele aparecer una voz que le prohíbe colocarse, salir, realizar, eso lo influenciaba, sumiéndolo en el aislamiento.

mos rápidamente. Él volvió a su habitación y decidió descansar. Me despedí de él, y antes de salir, como de costumbre, conversé con las ayudantes de enfermería para saber si había ocurrido algo durante la noche o si había algo que ellas pudieran informarme, pasé mis impresiones sobre Soleil y me fui.

Al día siguiente, a eso de las diez de la mañana, recibo una llamada de la institución diciendo que Soleil había fallecido con un paro respiratorio. Fue un choque. Quedé con ellos de contactar al hermano Dino para comunicarle lo ocurrido, pero él dijo que estaba yendo hasta allí para que conversásemos sobre los procedimientos.

Pasó un filme en mi cabeza, y al mismo tiempo, alivio porque él no había fallecido cuando estaba conmigo, una sensación extraña. Yo, que en 2003 había perdido un ser querido, por primera vez estaría incumbido de ese procedimiento, pues Soleil no tenía familiares en São Paulo. Bien, allá estaba el at, terapeuta, hombre, ocupándose de un proceso de cierre porque su paciente había fallecido.

Llamé a su hermano y sutilmente le expliqué la situación suavizándola para no afectarlo y protegerlo de un infarto o algo parecido. Ya en la institución me ocupé de agilizar el proceso juntamente con el médico encargado que preparó el certificado de defunción. Como Soleil era de familia judía, su hermano realizó los trámites en el cementerio de Butantã, el Kadisha, el equipo de enfermería y yo lo preparamos. En aquel momento sabía que lo acompañaría hasta el cementerio y realizaría los procedimientos de costumbre hasta la llegada de su hermano. El at estaba junto en aquel momento, incumbido por sí propio, porque nadie se haría responsable por eso. Fui acompañando el coche funerario hasta el cementerio. Recuerdo que, al llegar, conversé con el responsable que ya estaba habituado a tales funciones. Dijo que prepararía el cuerpo para el rito del Chevra Kadisha, llegó a preguntarme si yo era el responsable allí. Respondí que no, que su hermano llegaría en breve.

En ese momento dejé el cuerpo de Soleil y fui nuevamente a su casa para hablar con el médico y otros sobre los demás procedimientos.

Finalmente, al día siguiente fui al entierro y reencontré a su hermano y a su hija que vinieron de los Estados Unidos para el ritual de sepultura. De todas aquellas personas que aparecieron, solo dos formaron parte activa de la vida de Soleil, su hermano y su hija. Otras personas de la comunidad judaica invitadas por el hermano estaban allí presentes para la ceremonia.

Soleil fue enterrado siguiendo la tradición judaica y una historia pasó por mi mente en instantes. Después de tantos años, tuve un sentimiento diferente frente a aquella fosa en la tierra, con las palabras "del polvo vinimos y al polvo volvemos". Me pregunté qué tipo de vínculo tuve con aquel señor, hombre, padre, abuelo, paciente y lunático. La historia de la relación profesor alumno, porque aprendí psicopatología en vivo y en colores, los síntomas, símbolos, comportamientos, él me trajo la referencia pura y clásica de la propia psiquiatría. Con él, vino a mí el aprendizaje, la afectividad, la sensibilidad. Para él (creo yo), quedó el colorido, la voz a sus delirios y alucinaciones, a los comportamientos, vida y andanzas, alimento, cuidado, afecto y principalmente dignidad.

Estuve frente a frente con el destino de alguien que desde los dieciocho años convivía con la enfermedad psíquica, con el estigma de la locura, de la exclusión de sus pares, familiares y religiosos.

Según su hermano Dino, yo, como terapeuta, fui el que mejor cuidó a Soleil. Aquello sonó reconfortante, exagerado tal vez, pero sé que hice lo que estaba al alcance de las funciones de un terapeuta. En realidad, luché con el silencio ensordecedor del vacío de la locura, proporcioné voz y alimento a alguien que tenía hambre de vivir, frente a frente, hice del encuentro en el AT un encuentro de humanidad y vida, reconocí que su historia también formó parte de la mía como at y como hombre.

Lo vi como alguien que necesitaba ser visto más allá del diagnóstico de esquizofrenia, de lo que era, dando lugar al ser, a la persona digna, con vida e historia, aunque sufrida y llena de pérdidas.

Soleil, sentado en su cama con su boina italiana que compramos juntos durante un AT, se reconoció en él mismo y acostado en su cama, postrado como ocurría a veces, tuvo el justo derecho de quedarse allí, sin que nadie lo intimidase.

Vi, en aquel siete de setiembre, el fin de algo que hacía 16 años que comenzaba: la curiosidad, proximidad, deseo, voluntad, reconocimiento, perspectiva, un furor terapéutico idealizado y lleno de vida. En ese día, dando amparo al único hermano vivo y proveedor de los costos del tratamiento, fui visto por la hija con gratitud. Me pegunté: Soleil se ha ido y también ha terminado un peso para esas personas. Era el dolor por la vida sufrida, y al mismo tiempo, un alivio porque el peso de este sufrimiento había sido retirado de allí.

Yo sabía que mi tiempo con él había sido muy importante, por el lugar que ocupé en su vida, por la presencia, y que a partir de aquel momento, eso cambiaría, no existiría más.

A lo largo de aquellos años organicé mi vida profesional para reservar un lugar importante para Soleil, siempre sabiendo que en algún momento el AT podría ser concluido, pero no esperaba que fuera de aquella forma. Creo que el momento más próximo de eso fue cuando hizo tratamiento para cáncer, pero no fue así.

Recuerdo que después de la fase más grave de su tratamiento, ya en recuperación, lo llevé para tomar un café en mi casa nueva, para escuchar Mozart y conocer mi espacio. Hacía tantos años que yo entraba en su habitación, en su casa, en momentos de crisis hasta en el baño, viéndolo desnudo, me vi en aquel instante avanzando todavía más en el contexto relacional. Estábamos en mi espacio, me vi y lo vi allí por un cierto tiempo, y nos quedamos escuchando música y tomando café. Aprendí a hacer frente al silencio, entendí la sonoridad de los idiomas extranjeros de la intensidad de los delirios y del vacío del sufrimiento.

> Existe un instinto humano de buscar uno al otro, y ya no vamos a quedarnos en el nivel de la compañía, de la autoprotección o del emparejamiento. Se trata de la búsqueda de otro para que me comprenda. Se dijo en un primer momento: es muy difícil un ser humano comprender a otro. Y en un segundo momento: pero el ser humano es portador de un instinto de buscar a un semejante que lo comprenda, que lo descifre, que lo vea como es.(GAMBINI, 2008, p.181)

Finalmente, después de 2010, sentí que necesitaba hablar, dar voz, dar vida, a esta historia, y también resaltar la importancia del trabajo de AT en casos graves y límites. Me pregunté cuál era el papel del at en el tratamiento, cuál era la expectativa en la vida de algunos pacientes cuando comenzaban un AT. En supervisión, la respuesta que recibía era: "lo que es posible". Para mí la gran respuesta en este proceso es el afecto, la inserción de vida animada, es la vivencia en el *anima mundi*, es la vida con sentido y alma.

De todos modos, en la metáfora de la muerte nos vemos en transición, en el Kadisha se siente nuestra pequeñez y grandiosidad en el mundo, en la experiencia psicótica también, son creados diversos complejos que se tornan vivos y autónomos, enriquecen la experiencia de la pequeñez egoica y en este caso dan vida al gigante Le Soleil.

Es imposible quedarse indiferente a esa vivencia y creo que, después de todo eso, yo nunca pude volver a ser el mismo y creo que Soleil tampoco lo fue. Así, parafraseando Jung, que coloca en el encuentro terapéutico el potencial de una experiencia transformadora, en este caso, en la vivencia de la imagen del psicopompo, el gran potencial, ya que las dos personalidades se envolvieron en ese proceso de transformación, ya no pueden más ser las mismas, reconociendo el límite de esta vida.

Concluyo con las bellas palabras de Jung:

> Eso podrá parecer una locura a un observador desavisado (...). Siempre supe que las experiencias contenían cosas preciosas y por eso no supe hacer nada mejor que traducirlas (...). las más bellas verdades del mundo sirven a los que las tienen solo cuando se tornan una experiencia interior original. (JUNG, 1975 p.331)

# 7. EL PSICOPOMPO

*El individuo debe entregarse al camino con toda su energía, pues solo mediante su integridad podrá proseguir y solo ella será una garantía de que tal camino no se torne una aventura absurda.*

(Carl G Jung, 1975)

Hace mucho tiempo que vengo reflexionando sobre mi papel como terapeuta, analista y principalmente como at. Este tema ha penetrado cavilaciones personales y profesionales, incursiones prácticas y teóricas, con el fin de perfeccionar el foco de mi trabajo, y considerando esta intervención terapéutica de características diferentes de las intervenciones dentro de la clínica tradicional.

Por eso hace algún tiempo que me conmueve la metáfora del psicopompo, principalmente por su carácter simbólico y su aspecto más profundo y misterioso. Me esforcé intentando entender esta imagen, identificándome y aproximándome cada vez más al tema, a partir de la imagen y del trabajo del at, por momentos como profesional, por momentos también como hombre que se dispone a desempeñar tal papel.

Esta imagen tiene su origen, principalmente, su carácter histórico y etimológico en la palabra *Psicopompo,* segundo Chevalier (1989): "esta palabra es de origen griego: psychopompós, unión entre psyché (alma) y pompós (guía), y describe la función de guiar, conducir y orientar la percepción del ser humano entre dos o más eventos significativos".

Esta imagen está entre dos lugares, porque es el puente entre dos "campos" y tiene un significado importante: hay que transitar por ella para llegar de un campo al otro, con una finalidad que se explica por sí sola.

Aquí el aspecto más profundo del at se manifiesta, es decir, la idea de transitar; de promover movimiento, de ir junto, de llevar y muchas veces dejarse llevar. Entre una de sus diversas funciones heroicas, transitar es la tarea básica, en el AT el encuentro terapéutico no ocurre dentro de un espacio cerrado y protegido, sino en un campo abierto, la mayoría de las veces en movimiento, entre idas y venidas, al caminar, saliendo, circulando. Aquí el at es conducido, y, por momentos, es el que conduce, es el elemento, la persona que llama, que aviva la relación, que afecta la vida, que entibia el encuentro humano, pues hay una vida que esta presa a un congelamiento[103]. Según Hillman (1993, p.51):

> Salimos para caminar para dar ritmo orgánico a los estados mentales depresivos, embotados, con sus agitaciones reverberantes, y ese ritmo orgánico de la caminata va adquiriendo significado simbólico.

Un aspecto importante es que la caminata, el movimiento, hacen de ese trabajo algo peculiar, proponen un proceso, presuponen una conexión: simbólica, afectiva, amorosa de la relación y en ella, del exterior, de la tarea, de la familia, de lo social, de la sociedad, por los principios de conexión con el lugar, de *ser* incluido, de pertenecer.

En este movimiento del caminar, continuamos con Hillman (1993, p.53):

> El lenguaje del caminar calma el alma, y las agitaciones de la mente comienzan a tomar un rumbo. Caminando, estamos en el mundo, nos encontramos en un lugar específico y, al caminar en este espacio, lo tornamos un lugar, o una morada, o un territorio. (...) La mente está contenida en su

103. Principalmente en casos de una poscrisis; en el embotamiento afectivo y síntomas negativos de los cuadros de esquizofrenia.

propio ritmo. ¿Si no podemos caminar, adónde irá la mente?

En este caminar lado a lado, juntos, cercanos, somos invitados, como at, transferencialmente, a vivir muchos papeles: padre, madre, hermano, profesor, sacerdote, guardia, médico, enfermero, novio, entrenador, etc. Ese movimiento presupone disponibilidad, habilidad, flexibilidad, centralidad, algo con lo que una persona muy rígida, con un encuadre muy calcado en la regla, no lograría convivir y trabajar. A veces, el hombre que se coloca en este lugar se ve más allá de la vivencia común, la vivencia de lo incomparable, importante y significativo, y valoriza el encuentro humano, instiga y ve profundidad y significado en esa relación. A partir de allí se instituye el importante papel religioso de la relación y se renuncia a principios morales diversos o a todas aquellas convenciones que se aprendieron como protocolo de trabajo dentro de un servicio de salud mental.

Hay que notar, que metafóricamente cuando nos tornamos un "psicopompo" en la vida de esas personas que sufrieron con la crisis psíquica[104], abrimos la posibilidad sin igual de enfrentar lo inusitado, el miedo de enfermarse. Aquí nos ponemos a disposición para ser el guía interior. El Psicopompo puede ser de naturaleza humana, como Teseo y Ariadna, o un animal como el Conejo de Alicia en el País de las Maravillas[105], o espiritual como Hermes, y Eshu (CHEVALIER, 1989).

Otros ejemplos de metáfora del psicopompo, no quedarían necesariamente restringidos a la figura de Hermes, pero por varios otros símbolos que tienen este carácter de movimiento y transición. En el mundo humano, el sacerdote, chamán, hechice-

104. Dar otra mirada de significado más amplio al concepto de crisis psíquica, brote psicótico etc.

105. Lewis Carroll (1832-1898) Escritor británico del clásico libro: "Alice in Wonderland"*[Alicia en el País de las Maravillas]* (1856).

ro, y médico son algunos que fueron reconocidos como capaces de satisfacer la necesidad de orientación y mediación espirituales entre los mundos sagrados y seculares (SAMUELS, 1988).

Percibo que cuando Jung menciona los arquetipos del anima y animus como elementos de conexión entre la consciencia y el inconsciente, a pesar de no llamarlos psicopompos, yo los considero como tales porque están dentro de esa perspectiva.

El psicopompo tendría un potencial enorme, tan grande es la fuerza que su imagen representa: la idea, la forma y la importancia de establecer tal metáfora. No es por nada que la gran mayoría de los at son jóvenes estudiantes o recién graduados de la universidad, es la energía vital en acción, su disponibilidad energética, ideales y deseos de cambio. No fueron afectados por la complejidad y cronificación de la vida, que lleva a la pérdida de vitalidad o por la posesión del complejo del Senex[106] que puede llevar a su aspecto más negativo, caracterizado por actitudes extremamente conservadoras, autoritarias, rígidas, paralizantes, privadas de imaginación y con dificultades para hacer cambios.

Más todavía, el carácter de la experiencia y de experimentar lo nuevo es el hito en este trabajo. Es en el camino recorrido que se evoca esta imagen arquetípica. La imagen del psicopompo está presente en los registros mitológicos, los sueños, en filmes y cuentos populares, surge espontáneamente y asume la tarea de revelar un símbolo o sentido de orientación, sirve de adición a la trayectoria individual a quien se impone (CHEVALIER, 1989), hace de la intuición en el at, en la relación con su acompañado (paciente) algo inusitado. De la situación no programada, del desafío de un ruido, un grito o un asalto, en el tránsito, en tránsito, en el autobús lleno, en el silencio ensordecedor de un parque, en

106. *Senex* es muchas veces mencionado en contraste con el *Puer*. La patología del *Senex* puede ser caracterizada como excesivamente conservadora, autoritaria, súper racionalista, melancólica y sin imaginación (SAMUELS, 1988, p.196).

el vacío del espacio de una *vernissage*, del silencio dentro de un automóvil, hechos, factores y situaciones inusitadas componen esa imagen. Aquí la característica de la adversidad "se sintoniza" con esta metáfora, pues no existe nada a priori; a propósito, existe solo un contrato terapéutico[107] inicial con definiciones de tiempo (Cronos) y valores fijados, y su condición "insólita" es el tiempo que será referenciado.

Pensar así es considerar que la actuación del at está mucho más marcada en el AT, en esta relación terapéutica directa, concreta del quehacer terapéutico, pero también en el "espíritu de este quehacer", en el encuentro de "almas", en lo sutil de lo invisible, por más visible que esta relación parezca. Es más que el exterior, es también, en mi visión, un interior, un campo que permanece poco hablado en el AT, pero que se activa en la relación.

Creo que aquí esta imagen es constelada, en el ser de fuera hacia adentro, pero también en el ser de dentro hacia afuera. "Probablemente hay una cura arquetípica ocurriendo al caminar, algo que afecta profundamente el substrato mítico de nuestras vidas" (HILLMAN, 1993, p.53), se realiza en la relación terapéutica en el AT, dentro del encuentro, al caminar, en la mirada, en la función primera de ese acompañar, del estar juntos, de la proximidad, en el vínculo y en el *unus mundus*[108].

Podemos pensar que el at en su aspecto más profundo, en esta imagen del psicopompo se sintetiza en lo que dijo Samuels (1988, p. 174):

---

107. El contrato terapéutico en el AT es considerado a partir del número de horas semanales y el valor por hora es del período que se pasa con el paciente. Hablé de esto en el capítulo "AT y Encuadre Terapéutico".

108. Hay una mezcla indiscriminada, factor que también es importante para el proceso. Mezclarse indiscriminadamente suma al encuentro en el AT, inicialmente, desde una perspectiva de caos. Posteriormente, en la intervención terapéutica es necesario que haya una discriminación.

> (...) la figura que guía el alma en ocasiones de iniciación y transición: una función tradicionalmente atribuida a Hermes en el mito griego, pues él, además de mensajero de los dioses, era el dios que acompañaba las almas de los muertos, y era capaz de transitar entre las polaridades (no solamente la muerte y la vida, sino también la noche y el día, el cielo y la tierra).

El at plantea el importante significado de acompañar a las personas (pacientes) con alto grado de sufrimiento psíquico, pues aquí la confianza, el miedo y las dificultades de adaptación social y emocional, las sujetarán a un aprisionamiento a menudo comparable a un congelamiento psíquico, o a la muerte, pero con el hilo de esperanza que entra en la relación enferma y estancada, promovido por este profesional. El AT se convierte en el lugar de la esperanza, del movimiento concreto y a menudo del resurgimiento de ese movimiento, de la vida.

Algunos psicoanalistas comparten la idea de que muchas veces la psicosis es un proceso de muerte del psiquismo, sin embargo, en mi práctica he observado que la experiencia psicótica es una especie de congelamiento del proceso de desarrollo emocional y que a través de la intervención, a menudo sucede un descongelamiento; la vida psíquica del acompañado se aviva, y eso posibilita expresiones auténticas. Un ejemplo de esta idea surgió en el AT con el paciente Monsieur Soleil, luego de varias intervenciones, él articuló un "Mucho Obrigado" *["Muchas gracias"]*, considerando su alto grado de compromiso psíquico.

El psicopompo se arraiga dentro de esta visión que cree en el descongelamiento, como un indagador de vida, un contrapunto a enfermarse, a la paralización y al congelamiento psíquico. En esta figura del guía o de la iniciación se forma una imagen de transición entre el proceso de crisis y la tentativa de restablecerse psíquicamente.

Muchas veces el trabajo en el AT es desnudar un mundo totalmente debilitado, congelado desde el punto de vista de la consciencia. Emprender ese viaje con el paciente, estar cerca de esa vida infranqueable que ha sido vivida en soledad, y que en algún momento perdió todo su significado, es por donde vaga mi mirada.

Caminar en la crisis, en crisis, con la crisis, ya sea existencial, simbólica o funcional, hace que la hipótesis mayor de la existencia del ser se pueda perpetuar en una noble paradoja de vida, de posibilidades.

Ir en dirección a la noche sombría es un desafío, pero paralelamente, al hacerlo podemos pensar en un rescate o en la transformación de un proceso traumático, pues vamos en dirección al complejo en busca del crecimiento personal o de la "cura" [109].

Estar en ese lugar requiere un ejercicio de humildad, de flexibilidad y de apertura, para componer juntamente con otros profesionales y en la propia relación con el acompañado la perspectiva de ser afectado. Estamos hablando aquí del aspecto mayor de la relación donde "el psicopompo", que no puede ser visto como un salvador, un dios, o como alguien que lo puede todo, sino como un aspecto metafórico, de fuerza y de libertad, y a través de esta experiencia, alguien abriendo posibilidades y cambios para la vida. Despertar aquí la semilla de vida, movimiento y amor. Eros, flechado por la vida y por el dolor del alma.

Finalmente, mientras los tratamientos de salud mental intentan imponer protocolos para tratar a las personas con alto grado de sufrimiento psíquico es fundamental considerar que dentro de esa perspectiva la actitud del at tiene extrema importancia, pues trabaja con lo insólito y lo imprevisto. Despertando en el acompañado la posibilidad de vivir la vida con sus imprevisibilidades y autenticidades, transgrediendo y transponiendo el "en-

109. Cura aquí no significa "eliminar el síntoma", en salud mental a menudo significa dar un nuevo sentido a la aflicción psíquica.

marañado" de imitaciones y repeticiones que el congelamiento impone a su vida psíquica.

Al psicopompo le queda, en la exuberancia de su imagen, enmendar y tejer conexiones aparentemente mundanas, él está presente en el proceso de inserción e inclusión social y en un intento de reconexión con su propia historia.

# 8. REFLEXIONES FINALES

*Si sentimos nuestro camino penetrando en los secretos humanos de la persona enferma, la locura revela su sistema, y reconocemos en la enfermedad mental solo una relación excepcional con problemas emocionales que no nos son extraños.*

(Carl G Jung, 1990)

¿Qué pensar de este trabajo? ¿Cómo constelar una "idea final" de algo que no termina, sino que es duradero? ¿Sería válido reinventar y llamar a la clínica ampliada de posibilidad de *anima mundi*? Tal vez así diéramos un sentido fértil a algo que tiende a estancarse, paralizarse y parar de fluir, considerando las solidificaciones empíricas constatadas en los trabajos en salud psíquica y mental.

Todo esto vino a la superficie, incubando y fomentando todo este material que intenta elaborarse y refinarse, proporcionando una ampliación de esa comprensión.

Iniciar una etapa nueva, proponiendo reflexiones y suscitando búsquedas y aprendizajes diferentes de mi experiencia anterior, es algo inspirador.

Me restaba solo dar una dirección a los otros casos de AT (que acompañé a lo largo de estos años), pero eso "inundaría" y haría este trabajo demasiado extenso y por fin, decidí relatar la experiencia con el paciente Monsieur Soleil.

Una amiga y colega de la universidad me preguntó cierta vez: ¿Es el AT el trabajo de tu vida? Esa pregunta hizo eco en mí, sin una respuesta definitiva, pero me transmitió una inquietud importante: puede no ser el trabajo de mi vida, pero es una experiencia que tiene un significado y aprendizaje sin igual: por su belleza, libertad, creatividad, la amplitud de las intervenciones y la vivencia en sus múltiples contextos.

Cuando comencé esa "aventura" como at no conocía su dimensión y su importancia en la vida de los pacientes y también en mi vida. Como diría el poeta, muchas veces, obra y autor se mezclan, se interrelacionan, realizan la misma trayectoria. Esa idea vino a la superficie y comprendí la importancia de la imagen arquetípica del psicopompo: una conexión mayor y transcendente entre el mundo de los muertos y de los vivos; aquellos que han tenido la capacidad emocional y egoica de afrontamiento y aquellos que se han abstenido, construyendo un plano paralelo de realidad psíquica.

En la historia de este texto, *Eros* metaforizado por mi incentivador y amigo Heros, fue el gran psicopompo de este trabajo de AT, de los más de 40 casos que acompañé en este período de casi 20 años.

Historias, pacientes, familiares, profesionales: personas, dolores, sufrimientos, resignificaciones, pérdidas, desilusiones e inclusiones, posibilidades y conquistas. A través de "transitar por la ciudad", "de la mirada simbólica al alma", de "animarse", de alimentarse, de ir y venir; en la propuesta para ir al cine, o ver un show, "vagabundear" por las calles, conocer lugares, dirigirse en la concretización de actividades, de observar y realizar, de sentir, de los nuevos símbolos y significados, que esos encuentros y conquistas posibilitan. Todo eso es imposible de contar sin contextualizar la historia, el surgimiento del AT dentro de nuestra sociedad actual.

Como surgió, por donde se fue afirmando, cuales fueron sus avances y su importancia. Desde los simples cuidados personales hasta la posibilidad más compleja de retomar la vida, de estar incluido: comenzar la universidad, el trabajo, comenzar nuevas amistades, compartir miedos, aflicciones, deseos y sueños; resignificar conflictos y dar a la vida un nuevo significado.

Estar en la vida de esas personas presupone también cierto desprendimiento y, al mismo tiempo, estar seguro del propio lugar como terapeuta. Por eso, era importante contextualizar y, especialmente en mi caso, dar una base más depurada y de conocimiento sobre las cuestiones de enfermedades mentales como la psicosis y la esquizofrenia.

Caminar desde Jung a los clásicos psiquiatras vanguardistas de la época, buscando un entendimiento clínico, procurando las bases de la actuación de los at, dentro del trabajo psicosocial, fue esencial. Pues los at salen de un lugar bastante "vulnerable" para ocupar otro, el de "reconexión" con la belleza de la vida, plenos de Eros y de alma. El respaldo del conocimiento les posibilita sumergirse en lugares profundos, mucho más preparados y disponiendo de una visión crítica.

Adelantado para su tiempo, Jung me inspiró a buscar en la psicología junguiana algo que pudiera respaldar al AT. Después de un sueño, decidí buscar autores que se beneficiaron de esa "postura abierta" de Jung con relación a la técnica. Comencé una trayectoria observando a esos precursores en sus disciplinas, desde el Dr. Fierz y la Dra. Nise, actualizándolos desde una perspectiva vanguardista: el primero replica la validez del uso de conceptos junguianos en el tratamiento de los psicóticos y la segunda consolida la actitud junguiana ante el paciente, con humanidad y afecto.

En el capítulo seis relaté la experiencia sin igual de un trabajo em particular, como at, realizando la intervención psicosocial del AT, pero lanzando una mirada humana, dentro del vasto campo teórico que la psicología junguiana permite. Ese sentido simbólico dentro de esta práctica es innovador, en la medida en que además de ampliar los límites del *setting*, procura comprender el mensaje del *Self*. Así, el terapeuta se sumerge en un universo mayor de intervención, es decir, se sitúa *in loco*, vivenciando el *anima mundi* y ejerciendo el papel del psicopompo.

Considerar el carácter simbólico da un nuevo sentido a la intervención del AT, donde los delirios y alucinaciones de los pacientes se convierten en aspectos y componentes dignos de un significado más amplio y no solo como síntomas. La gran virtud de esa comprensión abre para el at una nueva posibilidad, incluyendo y ampliando la cuestión del inconsciente, pensando en su dinamismo y considerando al símbolo como Jung lo pensaba:

> Un símbolo es vivo solo cuando para el observador es la mejor y más plena expresión posible de lo presentido y todavía no consciente. En estas condiciones prepara la participación del inconsciente. Tiene efecto generador y promotor de vida. (JUNG, 1991 vol. 6, §909)

Así, en Monsieur Soleil, el simple "cafecito negro con azúcar" se convierte en algo con significado y sentido, muestra que lo que aparenta ser sin valor inicialmente, es importante dentro de la relación, expresa contenidos del inconsciente para lo consciente, que pueden ser reconocidos por medio de la actitud y la mirada del at (psicopompo) y tienen un significado mayor:

> Hay productos individuales que tienen evidente carácter simbólico que obligan, sin más, a una concepción simbólica. Para el individuo tienen importancia funcional (...). Sin embargo, esos productos no tienen procedencia exclusivamente consciente o inconsciente, sino que se originan de la colaboración igual de ambos (...) corresponde a la actitud simbólica de la consciencia del observador atribuirles carácter de símbolos. (JUNG, 1991 vol. 6, §911)

Otro aspecto dentro de ese proceso, que nos lleva a una lectura simbólica, está en los "jabones" que darán significado a la historia de "Je Suis Soleil" [*Yo soy Sol*]. Para él, los jabones simbolizaban cuidarse, el afecto, la seguridad, el conocimiento, la valorización del otro. Él comienza comprando para "yo, mi mujer, mi hija" y después incluye al hermano y a mí. Demostrando así la capacidad de ampliar el afecto. Partimos de la construcción delirante aparentemente sin sentido, para una simple adquisición de "cinco jabones". Para una percepción más profunda, donde la repetición se convierte en un significado que va más allá del congelamiento psicótico y da un nuevo sentido, constelando e integrando aspectos internos.

> El símbolo es siempre un producto de naturaleza compleja, pues está compuesto por datos de todas las funciones psíquicas. Por lo tanto, no es de naturaleza racional ni irracional. tiene un lado que habla a la razón y otro que le es inaccesible, pues no se constituye solo de datos racionales, sino también irracionales, suministrados por la simple percepción interna y externa.(JUNG, 1991 vol. 6, §912)

Considerando que el psicopompo es el propulsor de ese cambio, sucede entonces un descongelamiento de la psique, que acciona el mundo interno, juntamente con ese interés por el mundo externo.

Tanto los "jabones", cuanto el "café" son el puente entre esos dos mundos, ellos hacen la conexión simbólica más profunda entre los aspectos del *anima mundi* y el *Self,* activan contenidos adormecidos y paralizados por la acción negativa de los complejos de fondo afectivo y así pueden darles un nuevo sentido.

A través de esa experiencia con el paciente "Le Soleil" fue posible comprender este desafío mayor del trabajo, que es el puente para salir del congelamiento y la paralización psíquica que la psicosis y la esquizofrenia imponen al individuo, hacia las diversas posibilidades mundanas de relacionarse e interactuar, enfrentando esa problemática psíquica y vivenciando esta *anima mundi*.

La función simbólica del psicopompo posibilitó una nueva transición dando espacio para la convivencia social e individual de Soleil, principalmente después de una vida marcada por tantas pérdidas y rupturas. Romper con el estigma existente, es dar un lugar único al paciente, operando un significado diferente para aquél que es acometido por algo que para la sociedad es un mito: una enfermedad mental (SZASZ, 1983).

La gran contribución para el campo del AT, a partir de esta metáfora del psicopompo, es considerar esa visión simbólica, creando una nueva y profunda dimensión, proponiendo un puente, un lazo; siendo el timón de un navío en alta mar, a menudo sin destino.

Mi trayectoria personal en este camino como at, en la historia de Soleil, habla del flujo de la vida, acontece por la idea polivalente de acoger, tocar, mirar, promover y transformar lo que sea posible – aún en el campo de la psicosis, que lo hace aún más desafiador – por más difícil que sea.

Conté mi trayectoria, con las posibilidades intrínsecas de ese camino, intentando contribuir para una mejor comprensión de cómo todo esto ocurre en el AT, en la imagen del psicopompo, con una mirada simbólica, en esta relación directa con el *anima mundi* y todas las vicisitudes involucradas en el proceso.

Creo que el terapeuta que emprende este trabajo debe tener una percepción diferente de la realidad, y ser un tanto flexible ante la vida. Debe asumir una postura abierta, pues no podrá juzgar al otro según normas psicológicas y enfrentará, muchas veces, la locura y la psicosis en especial, como aspectos de su vida, teniendo en cuenta su sufrimiento y la posibilidad de lidiar con él, y de inclusión y tratamiento.

Finalmente, seamos las hormiguitas en este universo gigantesco de los desajustados y desalojados, cogiendo frutos y creyendo en las posibilidades intrínsecas de la transformación del alma.

# LISTA DE TÉRMINOS JUNGUIANOS

**Alma** – Jung utiliza el término como sinónimo de psique; como siendo la complejidad y totalidad de los procesos psíquicos; desea subrayar un movimiento en su profundidad, enfatizando la pluralidad, la variedad y la impenetrabilidad de la psique; para Hillman, indica una perspectiva particular sobre el mundo, la forma cómo la psique convierte los eventos en experiencia de "hacer alma".

**Ánima** – Imágenes arquetípicas del eterno femenino en la consciencia de un hombre, que forman un vínculo entre la consciencia del ego y el inconsciente colectivo, abren potencialmente el camino para el Sí mismo; en la extensión que Hillman hace de la psicología junguiana, en el ánima estarían también contenidas las cualidades ausentes de la consciencia, en una sola palabra: la interioridad.

**Ánima *Mundi*** – (del latín: alma del mundo) tiene en su origen cosmológica que el alma (psique) es un aspecto animado que rige la vida, donde el pensamiento divino (mágico) puede manifestarse en leyes que afectan la materia (vida); un mundo animado, vivo.

**Ánimus** - Imágenes arquetípicas del eterno masculino en la consciencia de una mujer que forman un vínculo entre la consciencia del ego y el inconsciente colectivo, abren potencialmente el camino para el Sí mismo.

**Arquetipos** - No pueden ser descriptos, pero sus efectos aparecen en la consciencia como imágenes, fantasías, alucinaciones, ideas y temas arquetípicos. Son patrones o motivos universales que vienen del inconsciente colectivo y estructuras innatas que sirven de matriz para la expresión y el desarrollo de la psique. Forman el contenido básico de las religiones, mitologías, leyendas, cuentos de hadas, en todos los tiempos y lugares.

**Compensación** - El proceso dinámico y autorregulador por medio del cual la consciencia del ego y el inconsciente buscan un equilibrio homeostático, el cual también promueve la individuación y el desarrollo progresivo hacia la totalidad.

**Complejos** – Conjunto de imágenes e ideas que se mantienen unidas (por uno o más arquetipos) a través de una carga emocional común a todas. En el "centro" de un complejo hay un arquetipo o una imagen arquetípica.

**Complejos Autónomos** – Complejos que tienen la capacidad de resistir a las intenciones de la consciencia, o de ir y venir, sin establecer contacto o conexión con la consciencia. En circunstancias extremas llevan a disociación, posesión o fragmentación, y hasta a un cuadro de neurosis o psicosis.

**Consciencia** – Atributo del ser humano que mantiene la relación entre los contenidos psíquicos y el ego; porción de la psique compuesta por pensamientos, memoria y sentimientos de fácil acceso, en cuyo centro está el ego: el "yo".

**Disociación** – Pérdida de un contenido de la consciencia que entra en el inconsciente, independientemente de la voluntad del ego, sin su conocimiento. Significa una desunión de la persona consigo misma.

**Ego, yo** – Centro de la consciencia, su función es responder e intermediar las solicitaciones del mundo exterior y el *Self* (Sí mismo), siendo responsable de la adaptación.

**Eje Ego-*Self* (Sí mismo)** – Término creado por Edinger para designar la conexión vital entre el ego y el *Self* (Sí mismo), que asegura la integridad del ego y posibilita la homeostasis del psiquismo.

**Inconsciente** – la porción de la psique situada fuera del conocimiento consciente. Los contenidos del inconsciente están constituidos por memorias reprimidas y por material, como pensamientos, imágenes y emociones, que nunca fueron conscientes. El inconsciente se divide en **inconsciente personal**, que aloja los complejos, y el **inconsciente colectivo**, que aloja las imágenes arquetípicas y los instintos.

**Inconsciente Colectivo** – Estrato más profundo del inconsciente, constituido por patrones no individuales sino universales: los instintos y los arquetipos.

**Individuación** – La realización consciente de la realidad psicológica singular de cada persona, proceso de tornarse único, individuo: el que no se divide ni se mezcla con la masa en lo colectivo. Proceso que lleva a la experiencia del Sí mismo como centro regulador.

**Instinto** – Todo impulso o acto cuya decisión no viene de la voluntad y no es controlado por la mente consciente; una fuente innata, físicamente basada, de energía psíquica (o libido).

**Proyección** - Proceso por el cual la persona atribuye una cualidad o característica inconsciente propia, a un objeto o a otra persona.

**Psicosis** – Estado en el cual el inconsciente invade (poseyendo, fragmentando o alterando) la consciencia, asumiendo el control de las funciones del ego. Ocurre una intensa perturbación en la relación del ego con la realidad: tanto subjetiva (la persona pierde la noción de quién es), cuanto objetiva (como en una especie de sueño estando despierto, el individuo mezcla contenidos y aspectos de su propia personalidad con los de otras personas, objetos y situaciones).

**Psicopompo** – (origen griega: psychopompós); es la unión de *psychê* (alma) y *pompós* (guía), tiene la función de guiar, conducir y orientar y se considera el puente entre dos campos; es la percepción del ser humano entre dos o más eventos significantes.

**Posesión** – Término utilizado para describir una situación en la cual el ego ha sido tomado por uno o más complejos, quedando privado de su voluntad y libertad de decisión. Lo percibimos en estados de psicosis.

***Puer Aeternus***- (del latín, "niño eterno") Imagen arquetípica de un joven que se niega a madurar, tipo de hombre que permanece por tiempo excesivo en la psicología de la adolescencia, generalmente asociado a una fuerte vinculación inconsciente con la madre (verdadera o simbólica). Los trazos constructivos son la espontaneidad y la apertura a cambios. Su contraparte femenina es la *puella*, "la eterna niña" con vinculación correspondiente con el mundo del padre.

***Senex*** - (del latín, "viejo") Imagen arquetípica asociada con actitudes que surgen con la edad. Los aspectos constructivos incluyen equilibrio, sabiduría, generosidad, previsión. En el polo extremo, puede significar cinismo, rigidez, conservadorismo, dificultad ante los cambios, autoritarismo. Una personalidad equilibrada funcionaría harmoniosamente dentro de la dimensión *puer-senex (viejo sabio)*, sin identificarse con las polaridades.

**Símbolo** - La mejor expresión posible para algo esencialmente desconocido. El pensamiento simbólico y no linear, analógico y anacrónico, un símbolo solo está vivo cuando es la mejor expresión de lo que se percibe.

**Sí mismo o (*Self*)** - El centro, fuente de todas las imágenes arquetípicas y de todas las tendencias psíquicas innatas para la adquisición de estructura, orden e integración.

**Sombra** – Arquetipo que representa el lado obscuro, inferior, primitivo y rechazado por todos nosotros. Aún no desarrollado. Incluye características desagradables, el lado negativo, nuestros defectos, lo que queremos esconder. También forman parte de ella cualidades de la personalidad que por alguna razón no se han desarrollado

***Témenos***– Origen en la alquimia medieval, el "*témenos* alquímico"; metáfora para el vaso alquímico: significa el lugar del acontecimiento de la transformación, de la mezcla de los ingredientes: el Opus. Para Jung, la relación terapéutica era el lugar protegido, "el *témenos*" sagrado, para que ocurriera la transformación psíquica.

**Transferencia Y Contratransferencia** - Casos particulares de proyección, comúnmente usados para describir la acción del inconsciente; son vínculos emocionales que surgen entre dos personas (o más) en una relación analítica o terapéutica.

***Unus Mundus*** **- Concepto** extraído de la filosofía medieval, utilizado por Jung para describir una conexión íntima y potencial llena de significados que se establece entre cada plano de la existencia y todos los demás.

# BIBLIOGRAFÍA

A CASA, Equipo de AT del HD A Casa (Org). **A Rua como Espaço Clínico.** São Paulo: Escuta, 1991.

________, **CRISE e Cidade - Acompanhamento Terapêutico**. São Paulo: Educ, 1997.

________, **Textos, Texturas e Tessituras no Acompanhamento Terapêutico**. São Paulo: Hucitec, 2006.

AMARANTE, Paulo (Org). **Archivos de Saúde Mental e Atenção Psicossocial**. Rio de Janeiro: Nau Editora, 2003.

________, **Loucos pela Vida: a Trajetória da Reforma Psiquiátrica no Brasil.** Rio de Janeiro: Fiocruz, 1995.

ANSPACH, Silvia. **Arte, Cura, Loucura: una Trajetória Rumo a Identidade Individuada.** São Paulo: Annablume, 2000.

ARAÚJO, Fabio. um **Passeio Esquizo pelo Acompanhamento Terapêutico dos Especialismos à Política da Amizade**. Niterói-RJ: Fabio Araújo, 2006

ASSIS, Jorge Candido de, VILLARES, Cecília Cruz e BRESSAN, Rodrigo A. **Entre a Razão e a Ilusão: Desmistificando a Esquizofrenia**. Porto Alegre: Artmed, 2013.

ASSIS, Machado de. **O Alienista**. São Paulo: Ática, 1982.

BAIR, Deirdre. **Jung: uma biografia**. (vol. I). São Paulo: Globo, 2006.

________, **Jung: uma biografia**. (vol. II). São Paulo: Globo, 2006.

BARCELLOS, Gustavo. **Jung**. São Paulo: Ática, 1991.

BARRETO, Kleber. **Andanças com Dom Quixote e Sancho Pança Pelos Campos da Transicionalidade: Relatos de um Acompanhante Terapêutico** (Tesis de Maestría). São Paulo: PUCSP, 1997.

__________, Ética e **Técnica no Acompanhamento Terapêutico; Andanças com Dom Quixote e Sancho Pança.** São Paulo: Unimarco, 1998.

BASAGLIA, Franco. **A Instituição Negada**. Rio de Janeiro: Graal, 1984.

BERG, J. H. Van Den. **O Paciente Psiquiátrico: Esboço de Psicopatologia Fenomenológica**. São Paulo: Mestre Jou, 1972.

BETTARELLO, Sergio Vieira, GRECO, Francisco, FILHO, Luis de Moraes Altenfelder Silva e SILVA, Maria Cecília Fernandes. **Fundamentos e Prática em Hospital-Dia e Reabilitação Psicossocial.** São Paulo: Atheneu, 2008.

BLEULER, Euguen. **Psiquiatria**. Rio de Janeiro: Guanabara & Koogan, 1985.

BURNS, John E. **O Caminho dos Doze Passos: o Tratamento de Dependência de Álcool e outras Drogas**. São Paulo: Loyola, 1995.

CADERNOS JUNGUIANOS. **Revista Anual da Associação Junguiana do Brasil** (número 01). São Paulo: AJB, 2005.

__________, **Revista Anual da Associação Junguiana do Brasil** (número 06). São Paulo: AJB, 2010.

__________, **Revista Anual da Associação Junguiana do Brasil** (número 09). São Paulo: AJB, 2013.

CARVALHO, Sandra Silveira. **Acompanhamento Terapêutico: Que Clínica é Essa?** São Paulo: Annablume, 2004.

CASTAÑEDA, Carlos. **A Erva do Diabo**. São Paulo: Círculo do Livro, 1975.

CHAUI-BERLINCK, Luciana. **Novos Andarilhos do Bem: Caminhos do Acompanhamento Terapêutico**. Belo Horizonte: Autêntica, 2012.

CHAVES, Ana Cristina, MARI, Jair J. y SHIRAKAWA, Itiro (Org). **O Desafio da Esquizofrenia**. São Paulo: Lemos Editorial, 2001

CHEVALIER, Jean y GHEERBRANT, Alain. **Dicionário de Símbolos.** Rio de Janeiro: José Olympio, 1989.

COOPER, David. **Psiquiatria e Anti-Psiquiatria**. São Paulo: Perspectiva, 1989.

DAWSON, Terence e YOUMG-EISENDRATTH, Polly (Org). **Manual de Cambridge para Estudos Junguianos**. Porto Alegre: Artmed, 2002.

DELGADO, Jaques (Org). **A Loucura na Sala de Jantar**. Santos: Resenha, 1991.

ECO, Umberto. **Como se Faz una Tese**. São Paulo: Perspectiva, 1997.

EY, Henri. **Psiquiatria**. Porto Alegre: Mason, 1985.

FARIA, Durval Luiz de. **O Pai Possível: Conflitos da Paternidade Contemporânea**. São Paulo: Educ/Fapesp, 2003.

FIERZ, Heinrich. **Psiquiatria junguiana**. São Paulo: Paulus, 1997.

FREITAS, Maria das Graças de. **Sobrecarga Familiar: una Leitura Sistêmica da Experiencia de Cuidar de um Membro com Esquizofrenia Paranoide** (Monografia). São Paulo: PUCSP, 2007.

FOUCAULT, Michel. **Doença Mental e Psicologia**. Rio de Janeiro: Tempo Brasileiro, 1984.

_________, **História da Loucura**. São Paulo: Perspectiva, 2003.

GAMBINI, Roberto. **A Voz e o Tempo: Reflexões para Jovens Terapeutas**. São Paulo: Ateliê Editorial, 2008.

GOFFMAN, Erving. **Manicômios, Prisões e Conventos**. São

Paulo: Perspectiva, 1974

HILLMAN, James. **Cidade e Alma**. São Paulo: Studio Nobel, 1993.

________, **Suicídio e Alma**. Petrópolis-RJ: Vozes, 1993.

HOPCKE, Robert H. **Sincronicidade ou porque nada é por acaso**. Rio de Janeiro: Nueva Era, 2001.

JACOBI, Jolande. **Complexo Arquétipo Símbolo na Psicologia de C G Jung**. São Paulo: Cultrix, 1995.

JASPER, Karl. **Psicopatologia Geral** (vol. I). São Paulo: Atheneu, 1973.

________, **Psicopatologia Geral** (vol. II). São Paulo: Atheneu, 1973.

JONES, Maxwell. **A Comunidade Terapêutica.** Petrópolis-RJ: Vozes, 1972.

JUNG, Carl Gustav y JAFFÉ, Aniela (Org). **Memórias, Sonhos e Reflexões**. Rio de Janeiro: Nueva Fronteira, 1975.

________, **Aion – Estudos sobre o Simbolismo do Si-Mesmo** (vol. 9/2 - Obras Completas {OC}). Petrópolis-RJ: Vozes, 1982.

________, **A Natureza da Psique** (vol. 8/2{OC}). Petrópolis-RJ: Vozes, 2000.

________, **A Prática da Psicoterapia** (vol. 16{OC}). Petrópolis-RJ: Vozes, 1988.

________, **Estudos Alquímicos** (vol. 13{OC}). Petrópolis-RJ: Vozes, 2003.

________, **Estudos Experimentais** (vol. 2{OC}). Petrópolis-RJ: Vozes, 1995.

________, **Estudos Psiquiátricos** (vol. 1{OC}). Petrópolis-RJ: Vozes, 1984.

_______, **Fundamentos de Psicologia Analítica** (vol. 18{OC}). Petrópolis-RJ: Vozes, 1991.

_______, Índices Gerais: Onomástico e Analítico (vol. 20{OC}). Petrópolis-RJ: Vozes, 2011.

_______, **Os Arquétipos e o Inconsciente Coletivo** (vol. 9/1{OC}). Petrópolis-RJ: Vozes, 2000.

_______, **Psicogênese das Doenças Mentais** (vol. 3{OC}). Petrópolis-RJ: Vozes, 1990.

_______, **Psicologia e Alquimia** (vol. 12{OC}). Petrópolis-RJ: Vozes, 1991.

_______, **Símbolos da Transformação** (vol. 5{OC}). Petrópolis-RJ: Vozes, 1986.

_______, **Tipos Psicológicos** (vol. 6{OC}). Petrópolis-RJ: Vozes, 1991.

_______, FRANZ, M. L. Von, HENDERSON, Joseph L., JACOBI, Jolande y JAFFÉ, Aniela. **O Homem e seus Símbolos**. Rio de Janeiro: Nueva Fronteira, 1984.

JUNGUIANA. **Revista da Sociedade Brasileira de Psicologia Analítica** (número 01). São Paulo: Junguiana, 1983.

_______, **Revista da Sociedade Brasileira de Psicologia Analítica – Psicopatologia** (número 25). São Paulo: Junguiana, 2007.

KRAEPELIN, Emil. **A Demência Precoce. Parte 1**. Portugal: Climepsi, 2005.

LAING, Ronald D. **O Eu Dividido: Estudo Existencial da Sanidade e da Loucura.** Petrópolis-RJ: Vozes, 1975.

_______, **Sobre Loucos e Sãos**. São Paulo: Brasiliense, 1975.

_______, **A Psiquiatria em Questão**. Lisboa: Editorial Presença, 1972.

LANCETTI, Antonio. **Manual de Saúde Mental: Guia Básico**

**para Atenção Primária**. São Paulo: Hucitec, 1994.

MAUER, Susana Kuras de y RESNIZKY, Silvia. **Acompanhantes Terapêuticos e Pacientes Psicóticos**. São Paulo: Papirus, 1987.

________, **Acompanhantes Terapêuticos: Atualização Teórico-Clínica.** Buenos Aires: Letra Viva, 2008.

MENDES, Denis Canal. **Estudo de Caso Srta. Frida**. São Paulo: IJUSP, 2012.

MOTTA, Arnaldo Alves da. **A Ponte de Madeira**. São Paulo: Casa do Psicólogo, 1997.

________, **Raízes da Psicologia Analítica no Brasil: Pessoas e Contexto**. São Paulo: Casa do Psicólogo, 2010.

NETO, Mario Rodrigues Louzã y ELKIS, Helio. **Esquizofrenia: Abordagem Atual.** São Paulo: Lemos 1999.

PELBART, Peter Pál. **Da Clausura do Fora ao Fora da Clausura: Loucura e Desrazão**. São Paulo: Brasiliense, 1989.

PEREIRA, João Frayze. **O Olho d'água: Arte e Loucura em Exposição**. São Paulo: Escuta, 1995.

________, **O Que é Loucura?** São Paulo: Brasiliense, 1982.

PERRONE, Maria Paula M. S. Bueno. **A Fundação do Pensamento de Jung: Complexos** (Monografia). São Paulo: IJUSP, 2006.

PIERI, Paolo Francesco. **Dicionário Junguiano**. São Paulo: Paulus, 2002

PSYCHÊ. **Revista de Psicanálise. Acompanhamento Terapéutico** – Edición Especial (vol. X). São Paulo: Universidade São Marcos, 2006.

QUATÉRNIO. **Revista do Grupo de Estudos C. G. Jung** (número VII). Rio de Janeiro: Grupo de Estudos C. G. Jung, 1996.

ROSSI, Gustavo e PULICE, Gabriel. **Acompañamiento Tera-**

**péutico**. Buenos Aires: Palemos, 1989.

ROTELLI, Franco. **Desinstitucionalização**. São Paulo: Hucitec, 1980.

SAMUELS, Andrew. **Jung e os Pós-Junguianos**. Rio de Janeiro: Imago, 1989.

_______, **Dicionário Crítico de Análises Junguiana.** Rio de Janeiro. Imago, 1988.

SAÚDE, Ministério da. **Clínica Ampliada Série B Textos Básicos**. Secretaria-Executiva Núcleo Técnico da Política Nacional de Humanização SUS. Brasília-DF: Ministério da Saúde, 2004.

SAÚDE, Organização Mundial (OMS). **CID-10/ Classificação Estatística Internacional de Doenças e Problemas Relacionados à Saúde.** EDUSP: São Paulo, 1993.

SEIXAS, Leda Maria Perillo. **O Caso Nina – um Atendimento na Esquizofrenia dentro da Visão Junguiana** (Tesis de Maestría). São Paulo: PUCSP, 1989.

SERENO, Deborah. **Acompanhamento Terapêutico de Pacientes Psicóticos: uma Clínica na Cidade** (Tesis de Maestría). São Paulo: USP, 1996.

SEVERINO, Joaquím Antonio. **Metodologia do Trabalho Científico: Diretrizes para o Trabalho Didático-Científico na Universidade**. São Paulo: Cortez, 1983.

SILVA, Jorge A. **Arte e Loucura: Arthur Bispo do Rosário**. São Paulo: Educ, 1998.

SILVEIRA, Nise da. **Cartas a Espinosa**. Rio de Janeiro: Francisco Alves, 1999.

_______, **Imagens do Inconsciente.** Rio de Janeiro: Alhambra, 1981.

_______, **Mundo das Imagens**. São Paulo: Ática, 1992.

SCHNEIDER, Kurt. **Psicopatologia Clínica**. São Paulo: Mestre Jou, 1976.

STEIN, Murray (Org). **Transferência Contratransferência**. São Paulo, Cultrix, 2000.

STEIN, Robert. **Incesto e Amor Humano: a Traição da Alma na Psicoterapia**. São Paulo: Ediciones Símbolo, 1984.

SZASZ, Thomas S. **O Mito da Doença Mental**. São Paulo: Círculo do Livro, 1983.

TUNDIS, Silvério Almeida e COSTA, Nilson do Rosário (Org). **Cidadania e Loucura: Políticas de Saúde Mental no Brasil**. Petrópolis-RJ: Vozes, 1997.

ULSON, Glauco. **O Método Junguiano**. São Paulo: Ática, 1988.

VESSSONI, Ana Luiza Nogueira. **A Experiencia Expressiva na Clínica da Psicose** (Tesis de Maestría). São Paulo: PUCSP, 2005.

WINCKEL, Erna Van de. **Do Inconsciente a Deus**. São Paulo: Paulus, 1988.

WING, J. K. **Reflexões Sobre a Loucura**. Rio de Janeiro: Zahar, 1972.

# CARTA EN MEMORIA DE MONSIEUR SOLEIL[110]

El día que el Sol paró de brillar...

Siete de setiembre de dos mil diez, coincidencia o no es el día de la Independencia de Brasil, para un extranjero: "¿independencia o muerte?"

A sus setenta y ocho años, fallece un hombre, un soñador, un aritmético, un delirante ¿o un sufridor del alma? Desde que nació, este joven, de una nobleza serena, árabe-libanés de religión judaica, va a convivir con el conflicto externo e interno a lo largo de su vida.

Brioso, a los diecisiete años va para la causa sionista, con una postura aguerrida, llena de ímpetu, encarando la lucha armada marxista-sionista como siendo él mismo, con el fervor de un guerrero, pero con la ingenuidad de un militante soñador. Se entrega a esta lucha con la misma furia que se entrega a un amor insólito y en este amor acaba encontrando aquello que lo lleva a la crisis y lo hace perder el rumbo de su vida.

De ese amor, un fruto en el vientre de su amada; de esa pasión la locura de *La Pasión*, cuya historia, estará fragmentada y resquebrajada para el resto de su vida. Una hija, una mujer, una pasión... El abandono cruel y el miedo a la locura...

La música, la aritmética, el judaísmo, al fin quedaron en su memoria, pero el amor se fue... ¡Ah, ah, ah, vida! La vida real le trajo otro mundo: la experiencia de vivenciar la invasión del inconsciente colectivo, lo que le produjo los Napoleones, los Stalin, los Mozart y el todo poderoso "Le Soleil". Como una forma de compensar el amor dedicado a una mujer que no pudo soportar

---

110. Monsieur Solei (1932-2010)

una tal "intensidad del inconsciente" del amado: la intensidad del brillo del Sol.

Hombre de una única mujer, señor de múltiples imágenes internas, culpabilizado por la muerte del propio padre en un momento de insensatez, Soleil, impetuoso maestro del embotamiento afectivo, de los pensamientos acelerados, de las ideas fragmentadas, se vio sucumbir a los síntomas negativos de la enfermedad psíquica y devorado por el *tsunami* del inconsciente colectivo y de las imágenes arquetípicas.

Pero la vida lo transformó en "Je Suis Soleil"; el Dios Sol Inca, la Fuerza del Universo, el centro de la Galaxia, el brillo del Sol, como en Antonio Bispo do Rosário, se hizo a sí mismo y se transformó en su mayor creador: el de pensamientos y cosas "con y para el mundo". Esa grandeza viene con el propósito de no presentar la "imagen" mayor de su enfermedad arcaica: El Sol.

El pequeño niño libanés, de piel clara, segundo hijo de una familia de tres hombres se hizo gigante y enano al mismo tiempo, enclaustrado en la condición de poliglota, se entregó a los delirios que marcarían su vida; "marôchamãm (...) santo à marô", identificándose con las imágenes del inconsciente colectivo y separándolas en "blanco y negro (...) *white is black* o en la tríada azul, blanco y rojo (...) yo, mi mujer, mi hija (...)".

Soleil pasó la vida aprisionado en su mundo interno como si las maldiciones del amor y de la vida romántica robaran sus sueños y los transformaran en grandes quimeras, insuficiencias renales y sanguíneas... Se vio esta mañana, acometido por una arritmia cardíaca y posteriormente un infarto del miocardio, sí, acometido por la enfermedad del corazón, por la carga del corazón, como hace exactamente sesenta años atrás, pero de esta vez en tierras brasileñas, solo, en una habitación de una residencia psiquiátrica, sentado en su lecho con su boina italiana.

Intentó, hasta el fin de sus días, mantener la dignidad y la hombría de alguien que ya se había perdido y había sido privado de su consciencia desde sus primeras internaciones psiquiátricas. Refinado en su educación, en estos dieciséis años que lo acompañé, lo percibí, lo miré, vi un hombre solitario, abandonado y lleno de "misterios", que me invitaban a descubrir, entender, acompañar y vivir...

Deseaba descifrar ese hombre, "Monsieur Soleil", que me provocó y me hizo mirarme a mí mismo, a mis entrañas, mis miedos, mis complejos.

A Mi Gran Profesor de la práctica de la vida psiquiátrica, mi paciente, mi amigo solitario; un hombre que un día me dijo monosilábicamente: - ¡MUCHAS GRACIAS!

Le agradezco por todo y, así me despido de alguien que fue arrancado de esta vida, aunque ya estaba en otra desde hacía mucho tiempo.

A bientôt «Monsieur Soleil»...

SATTVA EDITORA

contato@sattvaeditora.com.br
www.sattvaeditora.com.br